INITIATION
A LA KABBALE HÉBRAÏQUE

DU MÊME AUTEUR

L'APPEL DU COSMOS, *Les Cahiers du XXe Siècle*, Paris, 1936.
INFRA-CHAIR, *Prix Caravelle 1937, Le Livre et l'Image*, Paris.
L'ATTITUDE MAGIQUE, *Albatros*, Vina del Mar (Chili), 1953.
MISÈRE DE LA HAUTE MAGIE, *Nuestra America*, Valparaiso (Chili), 1953.
MERCATOR, *Ishtar*, Paris, 1960.
WAS IST METALOGIK ?, *Institut de Métalogique*, Paris, 1963.
THÉORIE DES ÉQUILIBRES TENSORIELS, *Institut de Métalogique*, Paris, 1963.
POUR COMPRENDRE LA KABBALE, *Histoire et Tradition*, Dervy, Paris, 1964. Nouvelle édition revue et augmentée, 1966. 15e mille.
LE TEMPS DES KABBALISTES, La Baconnière, Payot, Paris, 1967.
36 MINIATURES DE DEVI TUSZYNSKI, Service Technique pour l'Éducation, Paris, 1969.
LE VÉRITABLE CANTIQUE DE SALOMON, G.-P. Maisonneuve et Larose, Paris, 1970.
LA KABBALE DU FEU, Mystiques et Religions, Dervy, Paris, 1972.
LES CLEFS SECRÈTES D'ISRAËL, *Les Portes de l'Étrange*, Robert Laffont, Paris, 1973.
LE TAROT MÉTAPHYSIQUE, en collaboration avec Jean CARTERET et Daniel GIRAUD, *Révolution Intérieure*, Saint-Girons, 1977.
LE GOLEM ET LA CONNAISSANCE, *Horizons Esotériques*, Dangles, Saint-Jean-de-Braye, 1978.
LE TAROT IDÉOGRAPHIQUE DU KEBEK, Yves PAQUIN, en collaboration avec Jacques LANGUIRAND, Denise ROUSSEL et Jean-Louis VICTOR, Éditions de Mortagne, Ottawa, et Productions Minos, Montréal, 1979.
LE MEURTRE FONDAMENTAL (Abel-Hiram-Jésus), Alain Lefeuvre, Nice, 1981.
MORETTI BÂTIT LE TEMPS, *Essai pour la Transsubstantiation du Feu d'Isaac*, Éditions du Rocher, Monaco, 1982.
LE VÉRITABLE CANTIQUE DES CANTIQUES, Éditions du Rocher, 1984.
MOÏSE L'HÉBREU, Éditions du Rocher, 1985.
L'ART DU SUBLIME, Éditions du Rocher, 1988.
LES CLEFS SECRÈTES D'ISRAËL, Éditions du Rocher, 1989.
LE LIVRE DES PRINCIPES KABBALISTIQUES, Éditions du Rocher, 1990.

A.-D. GRAD

INITIATION A LA KABBALE HÉBRAÏQUE

Editions du Rocher
Jean-Paul Bertrand
Editeur

*Tous droits de traduction, de reproduction et d'adaptation
réservés pour tous pays*

© Editions du Rocher 1982
ISBN 226800183-0

INITIATION
A LA KABBALE HÉBRAÏQUE

réunit en courte anthologie les textes d'une œuvre dont la KABBALE constitue le nœud.
LE SECRET DU GOLEM contrepointe LE MYTHE DU HASARD, la structure du CANTIQUE DES CANTIQUES n'est intelligible qu'à la lumière de l'HÉBREU SACRÉ, la KABBALE DE L'OR PHILOSOPHAL implique L'ATTITUDE MAGIQUE.

L'auteur serait tenté de voir dans ces pages bien autre chose que des généralités sur la KABBALE.
L'amoureux de Science Sacrée ne peut être que concerné par ce faisceau d'indices.
Quant à l'amateur, nous l'espérons, il y trouvera d'utiles indications.

Laissons donc au lecteur de bonne volonté le soin de faire brèche pour son propre compte dans les mystères du monde.

SOMMAIRE

Qu'est-ce que la Kabbale ?	13
L'hébreu sacré	17
La Bible, cette inconnue	23
Les Sephiroth	29
Éléments de la tradition kabbalistique	33
Le Zohar	35
Le Cantique des cantiques	39
Isaac et Jésus	43
Tuer Dieu – Est-ce possible ?	47
Identité de la mère	51
Tout dépend de la femme	55
Principes kabbalistiques	65
Le premier mot de la Bible ou l'Alliance du Feu	69
Typographie et filigrane	73
Et si Abel était l'âme de Caïn ?	77
La circoncision	81
La virginité	87
Exercice de lecture simplifiée du Livre d'Israël	91
Planète Arqa	93
Le Golem	99

A chacun son mythe	103
Le secret du Golem	107
L'attitude magique	111
Logos et Davar	113
Possibilité et nécessité	115
Un cas asymptotique de mythologisation	119
Le mythe du hasard	121
L'ordre du Vivant	125
Deux mythes métopages	129
La quête de l'Ineffable	133
La Kabbale de la lumière	137
Kabbale et Franc-maçonnerie	139
Le carré Rotas	147
La Kabbale de l'or philosophal	153
Liturgie fuégienne	161

*Notre science vient de la Tête Suprême.
Elle est un don du Dieu Vivant.*

QU'EST-CE QUE LA KABBALE ?

> *Ils avaient coutume de transmettre cette chose en murmurant et en secret.*
> Yehoudah ben Barzilaï.

La Kabbale est une science plutôt complexe. C'est une science qui en regroupe plusieurs, en ce sens qu'elle est à la fois fondamentale et occulte, expérimentale et déductive, humaine et narrative, appliquée, naturelle, etc.

En outre, la Kabbale est non systématique. Elle ne peut donc être exposée selon les impératifs de notre structure mentale courante.

La Kabbale comporte une gamme étendue de définitions. On l'appelle tour à tour la « Sagesse d'En Haut », « la mathématique sacrée », une « mystique du langage », une « expérience de l'Être ».

En fait, le mot kabbale vient de l'hébreu *qabbâlâh*, qui signifie très précisément : « réception » ou « accueil ».

Il faut sous-entendre presque simultanément que cette « réception » et cet « accueil » ont quelque chose de « favorable », et non pas de réservé ou de froid.

On dit *qabbâlâth-chabbâth* pour l'accueil du sabbat, ce qui implique faveur et joie. En hébreu moderne, une *qabbâlâh* est un « reçu », et le sens n'est pas éloigné du mot « kabbale », puisque la Kabbale est d'abord ce qui est « reçu ».

Mais la Kabbale est aussi appelée *'Hô'khmath-Hannisthar*, ou *'Hô'khmâh nisthârâh*, la « Sagesse Secrète », et voici que notre définition s'enrichit très vite.

En effet, ce qui est reçu (favorablement), pour les Kabbalistes, c'est la Sagesse secrète.

Mais d'où vient cette Sagesse secrète ?

Certes, la Kabbale ne date pas du début du XIIe siècle, époque où pour la première fois le mot KABBALE est utilisé dans la région de Beaucaire par Isaac l'Aveugle, avec le sens qu'on lui reconnaîtra par la suite. A vrai dire, c'est à Yehoudah ben Barzilaï, de Barcelone, qu'il faudrait en attribuer nommément la paternité, si l'on s'en tient à un passage de son grand Commentaire du *Sefer Yetsirah*.

Quoi qu'il en soit, un texte kabbalistique circule en Provence à ce moment-là : c'est le *Sefer Ha-Bahir*, le Livre de l'Étincelle (ou de l'Éclat). Mais ce texte est lui-même centré sur un texte plus ancien, le *Raza Rabba*, c'est-à-dire « Le Grand Mystère ». On parle déjà de ce texte, chez les auteurs orientaux, dans les années 900.

Mais la Sagesse Secrète, jusque-là non codifiée, si l'on peut dire, remonte pour le moins au début du IIe siècle.

C'est en effet dans les années 100 que s'affirme la personnalité du Prince des kabbalistes, celui qu'on a surnommé *La Lampe Sainte*, Rabbi Siméon bar Yo'haï. C'est en ce rabbi galiléen que d'aucuns reconnaîtront l'auteur du *Sefer Ha-Zohar*, le Livre de la Splendeur, le commentaire kabbalistique le plus imposant de la Bible hébraïque. Or, cette Sagesse Secrète dont parle le Zohar, ce livre nous apprend qu'elle fut révélée à Moïse, sur le mont Sinaï, en marge de la Loi écrite.

Et remontant toujours plus avant dans le temps, nous apprenons que le mystère de la Sagesse était déjà gravé dans un Livre que possédait Adam.

En effet, le Zohar rapporte qu'Adam reçut un livre, un livre « descendu du ciel et remis par le Maître des mystères, qui était précédé, nous précise-t-on, de trois messagers ».

C'est dire, pour les kabbalistes, que le premier homme selon la Bible fut le premier kabbaliste. Et la meilleure preuve, ajoute-t-on, c'est qu'Adam donne des noms aux animaux qui paissent, aux oiseaux du ciel, à toutes les bêtes sauvages.

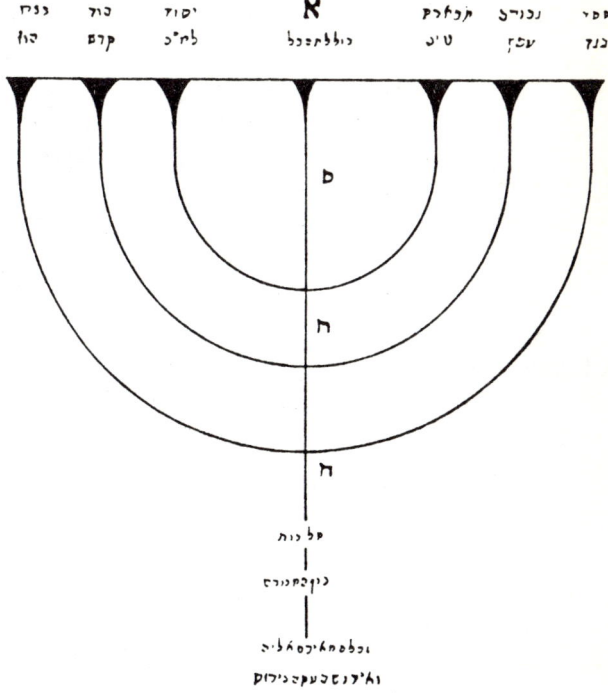

Pour « donner des noms », surtout en hébreu, il faut une connaissance de la structure onto-mathématique de cette langue étonnante, dont les lettres, on le sait, sont des nombres.

Car c'est bien l'hébreu qu'utilise Adam. La Bible nous dit qu'avant Babel, toute la Terre possède une même langue et des paroles semblables. Toute la Terre parle hébreu. Après Babel, seuls les ancêtres des Hébreux continueront de parler hébreu. Et c'est de cette langue mystérieuse que vont partir les kabbalistes pour décrypter l'énigme de l'Être.

GÉOMÉTRIE USUELLE	ALPHABET HÉBREU
22 POLYGONES RÉGULIERS correspondent aux 22 diviseurs entiers de 360	L'alphabet hébreu comporte 22 LETTRES
FIGURES-MÈRES	**LETTRES-MÈRES**
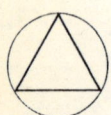 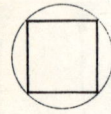 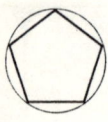 TRIANGLE ÉQUILATÉRAL — CARRÉ — PENTAGONE	  ALEPH — MEM — SHINE
EN REDOUBLANT 3 4 5 nous obtenons : 6 côtés 8 côtés 10 côtés (hexagone) (octogone) 12 côtés 20 côtés (dodécagone) 24 côtés 40 côtés soit 7 polygones réguliers inscrits REDOUBLÉS.	L'hébreu comporte 7 lettres REDOUBLÉES Le redoublement est indiqué par un point dans le corps de la lettre *(daguèch)*.
A partir de l'ennéagone (9 côtés), nous obtenons : 18, 36 et 72 côtés. A partir du pentadécagone (15 côtés), nous obtenons : 30, 60 et 120 côtés. A partir du polygone de 45 côtés, nous obtenons : 90, 180 et 360 côtés. Soit 12 polygones réguliers inscrits SIMPLES.	L'hébreu comporte 12 lettres SIMPLES.

L'HÉBREU SACRÉ

> *Car, jusqu'à cette époque, tous les hommes ne parlaient que la langue sainte.*
>
> Le Zohar.

Alors que le sumérien a des signes par centaines, et l'égyptien des hiéroglyphes par milliers – ces derniers signes étant d'ailleurs pictographiques : pour signifier un oiseau on dessine un oiseau –, l'hébreu comporte au contraire un alphabet de 22 lettres, sans voyelles.

Ces 22 lettres ont la particularité surprenante de correspondre à 22 polygones réguliers de la géométrie usuelle.

Le cercle est divisible en 360 degrés, ou en 400 grades. En ce qui concerne les 360 degrés, il n'y a que 22 diviseurs entiers de 360. Ces 22 diviseurs entiers correspondent à 22 polygones réguliers inscrits dans le cercle. Ces polygones comportent trois figures appelées figures-mères : le triangle équilatéral, le carré et le pentagone.

Or, en hébreu, il y a aussi trois lettres appelées lettres-mères, qui sont *Aleph*, *Mem* et *Shine*.

Si l'on redouble les trois figures-mères, on obtient sept polygones réguliers inscrits. Il y a sept polygones redoublés... et il y a aussi en hébreu sept lettres appelées lettres redoublées (dans lesquelles on place un point, un *daguèch*, pour signifier le redoublement).

Trois figures-mères et sept redoublées, soit 10 en tout : il reste 12 polygones simples... qui correspondent également aux douze lettres simples de l'hébreu.

Voilà qui ne laisse pas d'être à la fois singulier et

rationnel. Et c'est d'autant plus fantastique, que cette langue, cet alphabet, sont utilisés par un petit peuple qui errera de désert en désert, et dont la Bible dit qu'il plantait sa tente dans la solitude.

En ce qui concerne les 400 grades du cercle, on retrouve encore cette fois la valeur numérique des 22 lettres réparties justement de 1 à 400. La lettre *Aleph*, première lettre de l'alphabet hébreu, vaut 1, et la dernière lettre, le *Thaw*, vaut en effet 400. Qui dit degrés et grades, dit logarithmes. Qui dit langue hébraïque, en connaissance de cause, dit nécessairement Kabbale.

Mais les curiosités de l'hébreu vont bien plus loin que ces aperçus sommaires. Les répercussions en sont significatives à travers toute la Bible littérale.

Tout le monde connaît l'importance des changements de noms propres hébreux dans l'Écriture, non seulement dans la Bible hébraïque, mais même dans le Nouveau Testament.

Dans le Pentateuque, on voit Abram devenir Abraham. Pourquoi ajoute-t-on un *Hé* ? « On ne t'appellera plus du nom d'Abram, mais ton nom sera Abraham, car je te rendrai père d'une multitude de nations. » Quelques versets plus loin, Saraï prend le nom de Sarah. Jacob est appelé Israël : « On ne t'appellera plus du nom de Jacob, mais tu seras appelé Isra-El, car tu as combattu avec Elohim et des hommes, et tu as vaincu. » Par trois fois, on nous dit qu'Esaü est Edom. Même Jésus, dans l'Évangile selon Matthieu, dit en hébreu à Simon, fils de Jonas : « *Attâh hou Chimon ben Yonâh* » – toi Simon fils de Yonâh – « *attâh thiqra Keïfa* » – je te dis que tu es Pierre. – Dans les Actes des Apôtres, Saül de Tarse devient Paul, etc.

On saisira aisément tout l'intérêt que peut présenter une langue qui offre autant d'exemples qui tiennent compte à la fois de la valeur numérique des mots et des lois du langage.

Remarquons que les ésotéristes, même non-kabbalistes, ont toujours été fascinés par la puissance « magique » des lettres de l'alphabet hébreu. Les sceaux, les allégories et les talismans dits « kabbalistiques » illustrent abondamment les ouvrages de magie. On peut avoir, bien entendu, son opinion à ce sujet. Mais ce qui est aujourd'hui certain, à la suite des formulations liminales de la physique microvibratoire, c'est qu'il y a maintenant comme une confirmation – de manière jugée encore parascientifique – du fait

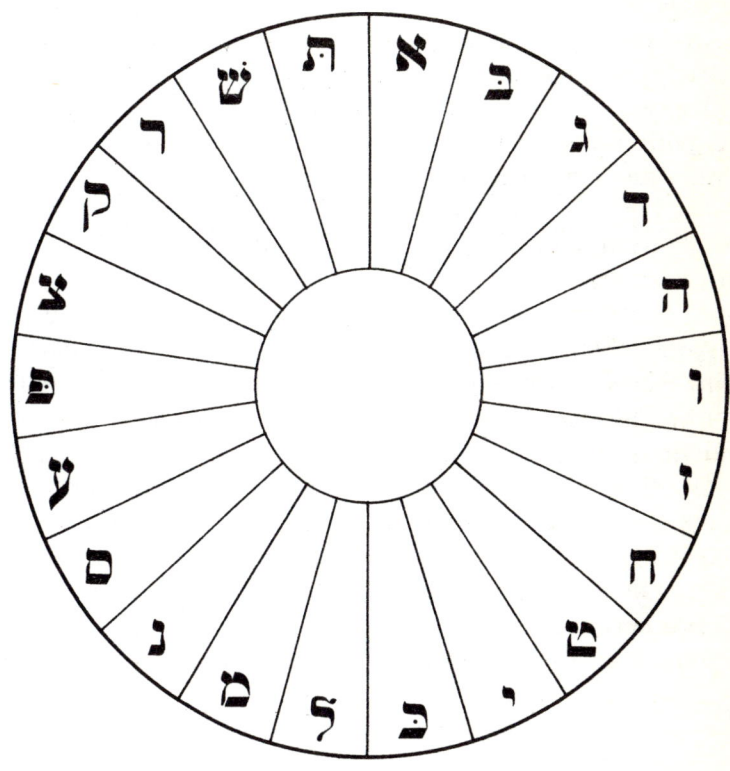

עשרים ושתים אותיות יסוד קבועות
בגלגל ברל"א שערים וחוזר הגלגל
פנים ואחור וזהו סימן לדבר :

« Vingt-deux lettres de fondement disposées en une roue aux deux cent trente et une portes. Et la roue tourne en avant et en arrière. Tel est le signe du langage. »

Sefer Yetsirah

que les figures étonnantes des caractères hébreux et leur combinaison *(tsérûf)* donnent naissance à des *effets de forme*.

Malgré leur énergie apparemment réduite, ces effets de forme sont assez facilement détectés. On constate pendant les expériences que les caractères hébreux révèlent, à défaut d'authentiques vibrations supposées de nature électromagnétique, une sorte d'*état de résonance du niveau gravitationnel*. Et il se trouve que les qualités de cet état sont en rapport avec le sens ontologique des lettres étudiées.

Une curieuse indication, que nous avons rapportée dans notre ouvrage *Le Golem et la Connaissance*, nous a été fournie grâce cette fois à la cybernétique. Disons tout de suite que l'expérience se passe, évidemment, aux confins linguistiques de la cybernétique.

Les langues se définissant en bandes passantes, celles-ci sont mesurables à l'aide d'instruments électroacoustiques, qui permettent également la manipulation du signal, avec modification des paramètres. La partie significative du discours se situe dans les fréquences élevées. Plus ces parties sont élevées en valeur arithmétique, c'est-à-dire, plus elles sont aiguës en valeur musicale, plus elles sont chargées de valeur spirituelle.

Or, si le français culmine vers 4 000 périodes-seconde, alors que l'anglais atteint le double : soit 8 000 périodes-seconde, ce qui le situe un peu au-dessous du russe et du portugais, par contre l'hébreu les surpasse nettement avec 12 000 périodes-seconde.

On conviendra qu'il y a un véritable mystère de l'hébreu.

אונקלוס · בראשית א

א בְּקַדְמִין בְּרָא יְיָ יָת שְׁמַיָּא וְיָת אַרְעָא: ב וְאַרְעָא הֲוַת צָדְיָא וְרֵיקַנְיָא וַחֲשׁוֹכָא פְּרִישׂ עַל אַפֵּי תְהוֹמָא וְרוּחָא מִן קֳדָם יְיָ מְנַשְּׁבָא עַל אַפֵּי מַיָּא: ג וַאֲמַר יְיָ יְהֵי נְהוֹרָא וַהֲוָה נְהוֹרָא: ד וַחֲזָא יְיָ יָת נְהוֹרָא אֲרֵי טָב וְאַפְרֵישׁ יְיָ בֵּין נְהוֹרָא וּבֵין חֲשׁוֹכָא: ה וּקְרָא יְיָ לִנְהוֹרָא יְמָמָא וְלַחֲשׁוֹכָא קְרָא לֵילְיָא וַהֲוָה רְמַשׁ וַהֲוָה צְפַר יוֹמָא חַד: פ ו וַאֲמַר יְיָ יְהֵי רְקִיעָא בִּמְצִיעוּת מַיָּא וִיהֵי מַפְרִישׁ בֵּין מַיָּא לְמַיָּא: וַעֲבַד

בראשית א

א בְּרֵאשִׁית בָּרָא אֱלֹהִים אֵת הַשָּׁמַיִם וְאֵת הָאָרֶץ: ב וְהָאָרֶץ הָיְתָה תֹהוּ וָבֹהוּ וְחֹשֶׁךְ עַל־פְּנֵי תְהוֹם וְרוּחַ אֱלֹהִים מְרַחֶפֶת עַל־פְּנֵי הַמָּיִם: ג וַיֹּאמֶר אֱלֹהִים יְהִי אוֹר וַיְהִי־אוֹר: ד וַיַּרְא אֱלֹהִים אֶת־הָאוֹר כִּי־טוֹב וַיַּבְדֵּל אֱלֹהִים בֵּין הָאוֹר וּבֵין הַחֹשֶׁךְ: ה וַיִּקְרָא אֱלֹהִים ׀ לָאוֹר יוֹם וְלַחֹשֶׁךְ קָרָא לָיְלָה וַיְהִי־עֶרֶב וַיְהִי־בֹקֶר יוֹם אֶחָד: פ ו וַיֹּאמֶר אֱלֹהִים יְהִי רָקִיעַ בְּתוֹךְ הַמָּיִם וִיהִי מַבְדִּיל בֵּין מַיִם לָמָיִם:

בראשית א"ר יצחק לא היה צריך להתחיל את התורה אלא מהחדש הזה לכם שהיא מצוה ראשונה שנצטוו ישראל ומה טעם פתח בבראשית משום כח מעשיו הגיד לעמו לתת להם נחלת גוים (תהלי' קי"א) שאם יאמרו אומות העולם לישראל לסטים אתם שכבשתם ארצות ז' גוים הם אומרים להם כל הארץ של הקב"ה היא הוא בראה ונתנה לאשר ישר בעיניו ברצונו נתנה להם וברצונו נטלה מהם ונתנה לנו : (א) **בראשית ברא** • אין המקרא הזה אומר אלא דרשני כמו שדרשוהו רז"ל בשביל התורה שנקראת ראשית דרכו (משלי ח') ובשביל ישראל שנקראו ראשית תבואתה (ירמי' ב') • וא"ת להודיע בא שאלו בראשית ברית שמים וארץ והארץ היתה תהו ובהו ויאמר אלהי' יהי אור ולא לפרשו כסדר המקרא כך פרשהו בראשית בריית שמים וארץ שלו קדמו שלא כא לא להורות שלו קודם כך היה לו לכתוב בראשונה ברא את השמים וגו' שאין לך ראשית במקרא שאינו דבוק לתיבה שלאחריו כמו בראשית ממלכת יהויקים (ירמי' כ"ז) ראשית (בראשית י') ראשית דגנך (דברים י"ח) אף כאן אתה אומר בראשית ברא וגו' כמו בראשית ברוא ודומה לו תחלת דבר ה' בהושע (הושע א') כלומר תחלת דבורו של הקב"ה בהושע ויאמר ה' אל הושע וגו' • וא"ת להורות בא שאלו תחלה נבראו ופירושו בראשית הכל ברא אלו ויש לך מקראות שמקצרים לשונם וממעטים תיבה אחת כמו כי לא סגר דלתי בטני (איוב ג') ולא פירש מי הסוגר וכמו ישא את חיל דמשק (ישעי' ח') ולא פי' מי ישאנו וכמו אם יחרוש אדם בבקרים (עמוס ו') ולא פי' אם יחרוש בבקרים הבקר וכמו מגיד מראשית אחרית (ישעי' מ"ו) ולא פי' מגיד מראשית דבר אחרית דבר ה"ב תשמע על עולתך שהרי קדמו שמים כתיב ורוח אלהי' מרחפת על פני המים ועדיין לא גלה המקרא בריית השמים מתי היתה הא למדת שקדמו שמים לארץ ועוד שהשמים מאש ומים נבראו אע"כ לא לימד המקרא בסדר המוקדמים והמאוחרים כלום : ברא אלהים • ולא אמר ברא ה' שבתחלה עלה במחשבה לבראתו במדת הדין וראה שאין העולם מתקיים והקדים מדת רחמים ושתפה למדת הדין היינו דכתיב ביום עשות ה' אלהים ארץ ושמים : (ב) תהו ובהו • תהו לשון תמה ושממון שאדם תוהא ומשתומם על בהו שבו תהו • אשטורד"ישון בלע' • בהו • לשון רקות ובדו • על פני תהום • על פני המים שעל הארץ • ורוח אלהי' מרחפת • כסא הכבוד עומד באויר ומרחף על פני המים ברוח פיו של הקב"ה ובמאמרו כיונה המרחפת על הקן אקוב"טיר בלע' : (ד) וירא אלהים את האור כי טוב ויבדל • אף בזה אנו צריכים לדברי אגדה ראהו שאינו כדי להשתמש בו רשעים והבדילו לצדיקים לעתיד לבא ולפי פשוטו כך פרשהו ראהו כי טוב ואין נאה לו ולחשך שיהיו משתמשים בערבוביא וקבע לזה תחומו ביום ולזה תחומו בלילה : (ה) יום אחד • לפי סדר לשון הפרשה היה לו לכתוב יום ראשון כמו שכתוב בשאר הימים שני שלישי רביעי למה כתב אחד לפי שהיה הקב"ה יחיד בעולמו שלא נבראו המלאכים עד יום שני כך מפורש בב"ר : (ו) יהי רקיע • יחזק הרקיע שאף על פי שנבראו שמים ביום ראשון עדיין לחים היו וקרשו בשני מגערת הקב"ה באמרו יהי רקיע וזהו שאמר שמחי עמודי שמים ירופפו (איוב כ"ו) כל יום ב' ונפעו ויתמהו מגערתו כאדם שמשתומם ועומד מגער המאיים עליו:

Édition moderne du Pentateuque avec Targoum Onqelos et Commentaire de Rachi.

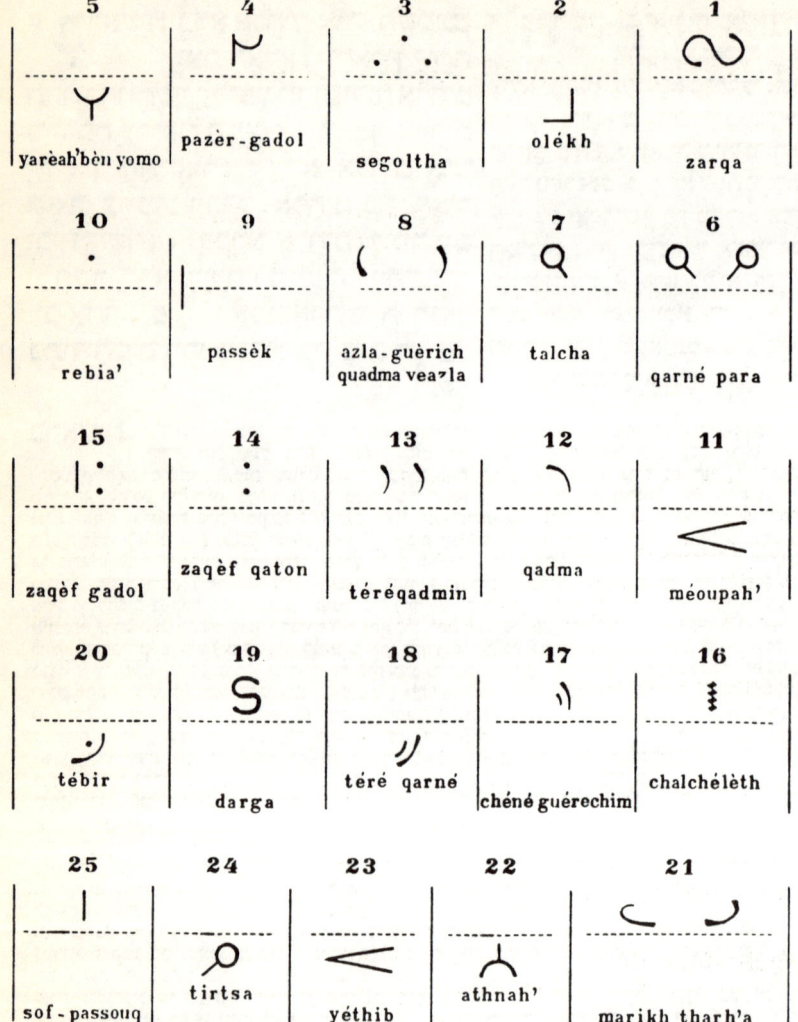

Tableau des signes massorétiques (TAAMIM) servant pour la récitation chantée de la THORAH.

LA BIBLE
CETTE INCONNUE

> *Rabbi Eléazar dit : « Ce n'est pas pour des narrations que l'Écriture porte le nom de Loi de vérité, Loi parfaite, Loi de témoignage, Loi plus précieuse que l'or et les joyaux. Car chaque parole de l'Écriture cache un mystère. »*

La Bible hébraïque, l'Ancien Testament, est l'unique document traditionnel non tronqué qui nous soit parvenu sans aucune altération. Pourquoi ? – Parce que ce texte est chiffré à l'aide d'un alphabet numérique. Et qu'ainsi, l'Ancien Testament apparaît comme une gigantesque équation, et une équation à laquelle il ne peut être ôté une seule petite lettre – le *yôd*, un *iota* –, sans rendre le document totalement illisible.

En effet, une faute d'orthographe, par exemple, n'interdit pas de lire un texte profane, et les journaux qui en sont pleins, de même que les sous-titres sur les écrans de télévision, n'en permettent pas moins de saisir le contenu, hélas souvent infantile.

Mais une seule faute d'orthographe dans la Bible hébraïque détruirait toute l'équation, comme dans n'importe quelle formule mathématique, et nous n'ignorons pas qu'une Bible défectueuse, en hébreu, est immédiatement détruite et ne peut être mise en circulation.

Certes, il y a des erreurs manifestes, voulues : des lettres renversées, en minuscules ou en majuscules insolites dans le corps du mot, des lettres suspendues, etc., mais ces « anomalies » se rapportent toutes à un enseignement secret, qui confirme justement la règle de la fidélité typographique. Car TOUTES les Bibles hébraïques comportent les mêmes anomalies, au même endroit, un *Mem* fermé dans le corps d'un mot, dans Isaïe, et un *Mem* ouvert à la fin

Deux Hébreux, tête couverte, écoutent le commentaire d'un « lecteur » inconnu. *(Haut-relief d'un sarcophage ; Musée du Latran, Rome.)*

d'un mot, comme dans Néhémie, erreurs que ne commettrait pas le plus jeune élève d'un Talmûd-Thôrâh.

Donc, voici un texte immuable, codé, et codé de quelle manière ?

La Bible comporte 391 300 signes. C'est un multiple de 26.

Et qu'est-ce que 26 ? C'est la somme des lettres du Tétragramme – *Yôd Hé Waw Hé* – l'un des noms attribués à la Divinité, que l'on a sottement traduit – phonétiquement – par Yahweh ou Jéhovah. Le Nom est imprononçable chez les Hébreux, et bien des orthodoxes français, par exemple, voulant signifier Dieu, écrivent D suivi d'un point, afin de ne pas Le nommer, pour respecter la Tradition.

Donc le Tétragramme sacré vaut numériquement 26, et il est le nombre clef de toute la Bible hébraïque.

Mais ce n'est pas seulement parce que le nombre total des signes est un nombre rond, justement multiple de 26, que 26 est le nombre clef. Le sceptique parlera jusque-là de coïncidence. Il y a 26 générations entre Moïse et Adam ? Coïncidence. C'est au verset 26 de *Genèse I* que l'Éternel dit : « Faisons l'homme à notre image » ? Autre coïncidence – comme pourrait l'être le fait que le quatrième livre de la Genèse, qui commence justement par le mot *Adam* (homme) et se termine par le Tétragramme sacré, comporte 26 versets.

Mais il devient singulier de s'apercevoir que la généalogie de Sem, par exemple, comporte 26 descendants, que même le nombre des mots de cette généalogie est un multiple de 26, que le nombre de caractères de ces mots est un multiple de 26, que la somme des lettres des 13 premiers descendants de Sem, celle des 13 autres est aussi un multiple de 26 ; que la généalogie d'Esaü, que la généalogie de Séïr sont articulées sur le nombre 26 ; que le récit de la lutte entre Israël et Amalec donne 26, que la quarantaine de noms que j'ai cités dans mes ouvrages, d'Elam à Assur, d'Arpaxad à Eber, d'Eliphaz à Reouël, donnent tous des multiples de 26, et même que la valeur numérique des verbes se rapportant à l'Éternel (il dit, il fit, il vit, etc.), pris par groupes spéciaux pour tous les jours de la Genèse, est également de 26...

Il serait bien surprenant qu'un Balzac, par exemple, ait réussi à écrire une Comédie Humaine en obtenant comme nombre total de signes un multiple de 26, tandis que les noms des Goriot ou des Grandet donneraient également ce nombre en guématrie.

CAPUT I. א

א וַיְהִי בִּימֵי אֲחַשְׁוֵרוֹשׁ הוּא אֲחַשְׁוֵרוֹשׁ הַמֹּלֵךְ מֵהֹדּוּ וְעַד־
2 כּוּשׁ שֶׁבַע וְעֶשְׂרִים וּמֵאָה מְדִינָה: בַּיָּמִים הָהֵם כְּשֶׁבֶת
הַמֶּלֶךְ אֲחַשְׁוֵרוֹשׁ עַל כִּסֵּא מַלְכוּתוֹ אֲשֶׁר בְּשׁוּשַׁן הַבִּירָה:
3 בִּשְׁנַת שָׁלוֹשׁ לְמָלְכוֹ עָשָׂה מִשְׁתֶּה לְכָל־שָׂרָיו וַעֲבָדָיו חֵיל
4 פָּרַס וּמָדַי הַפַּרְתְּמִים וְשָׂרֵי הַמְּדִינוֹת לְפָנָיו: בְּהַרְאֹתוֹ אֶת־
עֹשֶׁר כְּבוֹד מַלְכוּתוֹ וְאֶת־יְקָר תִּפְאֶרֶת גְּדוּלָּתוֹ יָמִים רַבִּים
5 שְׁמוֹנִים וּמְאַת יוֹם: וּבִמְלוֹאת הַיָּמִים הָאֵלֶּה עָשָׂה הַמֶּלֶךְ
לְכָל־הָעָם הַנִּמְצְאִים בְּשׁוּשַׁן הַבִּירָה לְמִגָּדוֹל וְעַד־קָטָן
6 מִשְׁתֶּה שִׁבְעַת יָמִים בַּחֲצַר גִּנַּת בִּיתַן הַמֶּלֶךְ: חוּר ׀ כַּרְפַּס
וּתְכֵלֶת אָחוּז בְּחַבְלֵי־בוּץ וְאַרְגָּמָן עַל־גְּלִילֵי כֶסֶף וְעַמּוּדֵי
שֵׁשׁ מִטּוֹת ׀ זָהָב וָכֶסֶף עַל רִצְפַת בַּהַט־וָשֵׁשׁ וְדַר וְסֹחָרֶת:

והשקות

---

28 הָאֵלֶּה כִּכְתָבָם וְכִזְמַנָּם בְּכָל־שָׁנָה וְשָׁנָה: וְהַיָּמִים הָאֵלֶּה
נִזְכָּרִים וְנַעֲשִׂים בְּכָל־דּוֹר וָדוֹר מִשְׁפָּחָה וּמִשְׁפָּחָה מְדִינָה
וּמְדִינָה וְעִיר וָעִיר וִימֵי הַפּוּרִים הָאֵלֶּה לֹא יַעַבְרוּ מִתּוֹךְ
29 הַיְּהוּדִים וְזִכְרָם לֹא־יָסוּף מִזַּרְעָם: וַתִּכְתֹּב
אֶסְתֵּר הַמַּלְכָּה בַת־אֲבִיחַיִל וּמָרְדֳּכַי הַיְּהוּדִי אֶת־כָּל־
תֹּקֶף לְקַיֵּם אֵת אִגֶּרֶת הַפֻּרִים הַזֹּאת הַשֵּׁנִית: וַיִּשְׁלַח

מָרְדֳּכַי הוֹלֵךְ וְגָדוֹל: וַיַּכּוּ הַיְּהוּדִים בְּכָל־אֹיְבֵיהֶם מַכַּת־
5 חֶרֶב וְהֶרֶג וְאַבְדָן וַיַּעֲשׂוּ בְשֹׂנְאֵיהֶם כִּרְצוֹנָם: וּבְשׁוּשַׁן
6 הַבִּירָה הָרְגוּ הַיְּהוּדִים וְאַבֵּד חֲמֵשׁ מֵאוֹת אִישׁ:

7 וְאֵת ׀	
וְאֵת ׀	פַּרְשַׁנְדָּתָא
וְאֵת ׀	דַּלְפוֹן
8 וְאֵת ׀	אַסְפָּתָא:
וְאֵת ׀	פּוֹרָתָא
וְאֵת ׀	אֲדַלְיָא
9 וְאֵת ׀	אֲרִידָתָא:
וְאֵת ׀	פַּרְמַשְׁתָּא
וְאֵת ׀	אֲרִיסַי
וְאֵת ׀	אֲרִידַי
	וַיְזָתָא י
	עֲשֶׂרֶת

בְּנֵי הָמָן בֶּן־הַמְּדָתָא צֹרֵר הַיְּהוּדִים הָרָגוּ וּבַבִּזָּה לֹא
שלחו

בראשית א ב 3

הָאָ֔רֶץ וּֽבְכָל־ע֖וֹף הַשָּׁמַ֑יִם וּלְכֹל֙ ׀ רוֹמֵ֣שׂ עַל־הָאָ֔רֶץ אֲשֶׁר־
בּ֣וֹ נֶ֣פֶשׁ חַיָּ֔ה אֶת־כָּל־יֶ֥רֶק עֵ֖שֶׂב לְאָכְלָ֑ה וַֽיְהִי־כֵֽן׃ 31 וַיַּ֤רְא
אֱלֹהִים֙ אֶת־כָּל־אֲשֶׁ֣ר עָשָׂ֔ה וְהִנֵּה־ט֖וֹב מְאֹ֑ד וַֽיְהִי־עֶ֥רֶב
וַֽיְהִי־בֹ֖קֶר י֥וֹם הַשִּׁשִּֽׁי׃ פ

ב
2 וַיְכֻלּ֛וּ הַשָּׁמַ֥יִם וְהָאָ֖רֶץ וְכָל־צְבָאָֽם׃ וַיְכַ֤ל אֱלֹהִים֙ בַּיּ֣וֹם א
הַשְּׁבִיעִ֔י מְלַאכְתּ֖וֹ אֲשֶׁ֣ר עָשָׂ֑ה וַיִּשְׁבֹּת֙ בַּיּ֣וֹם הַשְּׁבִיעִ֔י
מִכָּל־מְלַאכְתּ֖וֹ אֲשֶׁ֥ר עָשָֽׂה׃ וַיְבָ֤רֶךְ אֱלֹהִים֙ אֶת־י֣וֹם 3
הַשְּׁבִיעִ֔י וַיְקַדֵּ֖שׁ אֹת֑וֹ כִּ֣י ב֤וֹ שָׁבַת֙ מִכָּל־מְלַאכְתּ֔וֹ אֲשֶׁר־
בָּרָ֥א אֱלֹהִ֖ים לַעֲשֽׂוֹת׃ פ רביעי
אֵ֣לֶּה תוֹלְד֧וֹת הַשָּׁמַ֛יִם וְהָאָ֖רֶץ בְּהִבָּֽרְאָ֑ם בְּי֗וֹם עֲשׂ֛וֹת יְהוָ֥ה 4
אֱלֹהִ֖ים אֶ֥רֶץ וְשָׁמָֽיִם׃ וְכֹ֣ל ׀ שִׂ֣יחַ הַשָּׂדֶ֗ה טֶ֚רֶם יִֽהְיֶ֣ה ה

ANOMALIES TYPOGRAPHIQUES
dans la Bible Hébraïque

A gauche :
En haut, le Rouleau d'*Esther*, verset I:6.

Au centre :
Verset IX:29

En bas :
Verset X:7-10
Il s'agit des noms de Parchandata, Parmachta et Vaïzata, trois des dix fils d'Haman.

A droite :
En haut, lettre réduite dans le corps du mot *behîbârâm*, verset *Genèse*, II:4.

En bas :
Les versets X:35-36 sont placés entre deux lettres renversées dans le Livre des *Nombres*.

227   NUMERI CAP. 10. 11.   יא

יְהוָ֜ה אֹת֣וֹ ׀ אֶתֵּ֣ן לָכֶ֗ם לְכָ֤ה אִתָּ֙נוּ֙ וְהֵטַ֣בְנוּ לָ֔ךְ כִּֽי־יְהוָ֥ה דִּבֶּר־
ט֖וֹב עַל־יִשְׂרָאֵֽל׃ וַיֹּ֥אמֶר אֵלָ֖יו לֹ֣א אֵלֵ֑ךְ כִּ֧י אִם־אֶל־אַרְצִ֛י ל
וְאֶל־מֽוֹלַדְתִּ֖י אֵלֵֽךְ׃ וַיֹּ֕אמֶר אַל־נָ֖א תַּעֲזֹ֣ב אֹתָ֑נוּ כִּ֣י ׀ עַל־ 31
כֵּ֣ן יָדַ֗עְתָּ חֲנֹתֵ֙נוּ֙ בַּמִּדְבָּ֔ר וְהָיִ֥יתָ לָּ֖נוּ לְעֵינָֽיִם׃ וְהָיָ֖ה כִּי־תֵלֵ֣ךְ 32
עִמָּ֑נוּ וְהָיָ֣ה ׀ הַטּ֣וֹב הַה֗וּא אֲשֶׁ֨ר יֵיטִ֧יב יְהוָ֛ה עִמָּ֖נוּ וְהֵטַ֥בְנוּ לָֽךְ׃
וַיִּסְע֗וּ מֵהַ֤ר יְהוָה֙ דֶּ֣רֶךְ שְׁלֹ֣שֶׁת יָמִ֑ים וַאֲר֨וֹן בְּרִית־יְהוָ֜ה נֹסֵ֤עַ 33
לִפְנֵיהֶם֙ דֶּ֚רֶךְ שְׁלֹ֣שֶׁת יָמִ֔ים לָת֥וּר לָהֶ֖ם מְנוּחָֽה׃ וַעֲנַ֧ן יְהוָ֛ה 34
עֲלֵיהֶ֥ם יוֹמָ֖ם בְּנָסְעָ֥ם מִן־הַֽמַּחֲנֶֽה׃ ס ׆ וַיְהִ֛י בִּנְסֹ֥עַ הָאָרֹ֖ן לה
וַיֹּ֣אמֶר מֹשֶׁ֑ה קוּמָ֣ה ׀ יְהוָ֗ה וְיָפֻ֙צוּ֙ אֹֽיְבֶ֔יךָ וְיָנֻ֥סוּ מְשַׂנְאֶ֖יךָ מִפָּנֶֽיךָ׃
וּבְנֻחֹ֖ה יֹאמַ֑ר שׁוּבָ֣ה יְהוָ֔ה רִֽבְב֖וֹת אַלְפֵ֥י יִשְׂרָאֵֽל׃ ׆ פ 36

27

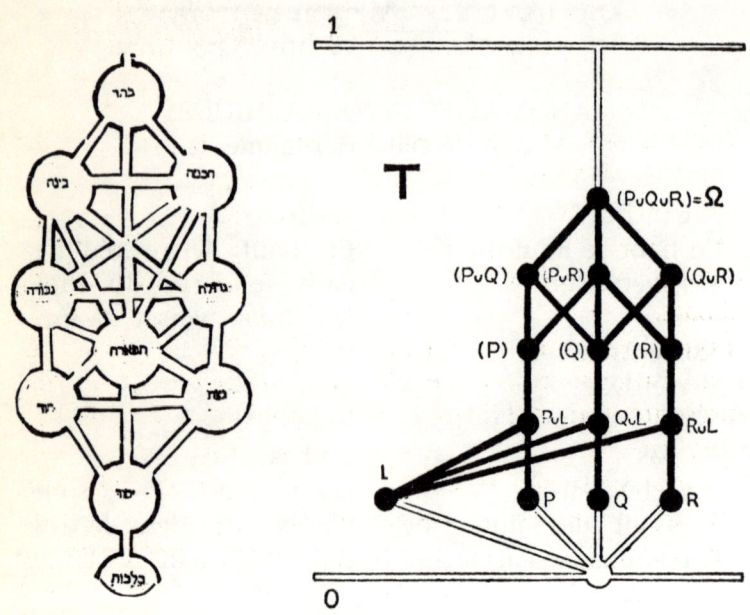

A gauche : Arbre sephirotique traditionnel.
A droite : Treillis de Boole, représentant le schéma des rapports de l'Être et du Verbe, tracé par le physicien Jean E. Charon *(L'Être et le Verbe, collection Planète, 1965).*

LES SEPHIROTH

> *L'arbre séphirotique apparaît comme le diagramme d'un treillis de Boole, où deux éléments quelconques sont reliés entre eux par une borne supérieure ou inférieure.*

Parlant des 32 mystérieux sentiers de Sagesse, le *Sefer Yetsirah*[1] les établit ainsi :
- 10 sephiroth belimah,
- 22 lettres de fondement.

Les *sephiroth belimah* sont l'instrument le plus délicat de la Kabbale.

Étymologiquement, on peut traduire *sephiroth belimah* par « numérations pures ». Ce n'est que tardivement qu'elles représentent, dans l'histoire de la Kabbale, les attributs de la Divinité.

Il faut bien se pénétrer de ceci : que les *sephiroth belimah* ne sont pas, dans l'esprit des kabbalistes, de purs concepts, mais des essences effectives. Comme nous l'avons écrit dans *le Livre des Principes Kabbalistiques*, les *sephiroth belimah* assurent l'ordre du monde créé. Elles sont la puissance de tout ce qui est, de tout ce qui est nombré.

Or, il est intéressant de relever également les correspondances astrokabbalistiques des sephiroth.

On sait que les sephiroth sont généralement disposées sur un « arbre », qu'on appelle l'Arbre séphirotique. Pour notre part, nous avons toujours préféré les disposer en « roue ». Mais qu'elles soient représentées sur une roue ou sur un arbre, les sephiroth sont tout aussi « parlantes ».

---

1. Le *Sefer Yetsirah* (Livre de la Formation) est considéré comme le plus ancien traité kabbalistique de cosmogonie et de cosmologie. Il est attribué au patriarche Abraham.

Prenons, par exemple, les cinq sephiroth dites « inférieures ».

La sephirah du bas est appelée *Mal'khûth*, c'est-à-dire la Royauté. Astrologiquement, elle correspond à la Terre.

Au-dessus se trouve la sephirah *Yesôd*, le Fondement. Elle correspond à la Lune. Inutile de souligner, de mettre en évidence ce que représente alors pour le kabbaliste le pouvoir de la Lune sur la Terre et les êtres de la Terre.

Au-dessus de *Yesôd*, on trouve la sephirah *Tiphereth*, c'est-à-dire Beauté, qui est en fait le cœur même de la roue séphirotique. *Tiphereth* correspond au Soleil.

Les deux sephiroth latérales, situées kabbalistiquement au-dessous du Soleil, sont *Hôd* et *Netsa'h*, Gloire et Victoire.

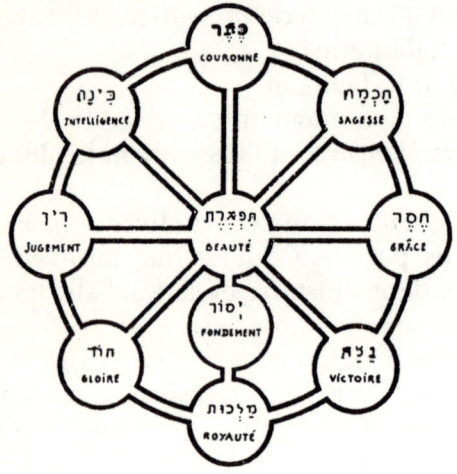

Roue séphirotique des kabbalistes

Hôd, à gauche, correspond à Mercure, et *Netsa'h*, à droite, correspond à Vénus.

Ainsi, Terre-Lune-Soleil se trouvent constituer l'axe vertical de l'Arbre séphirotique, le Soleil central recevant directement sa propre lumière de *Kether*, la Couronne. Ce qu'on appelle les « canaux » séphirotiques distribuent cette lumière à toutes les sephiroth de l'arbre, plus ou moins directement, c'est évident, selon leur emplacement.

Par la vision de la roue séphirotique, les kabbalistes situent toujours l'homme dans le Cosmos, et la nature des relations établies entre l'un et l'autre est en fin de compte plus fuégienne que mathématique.

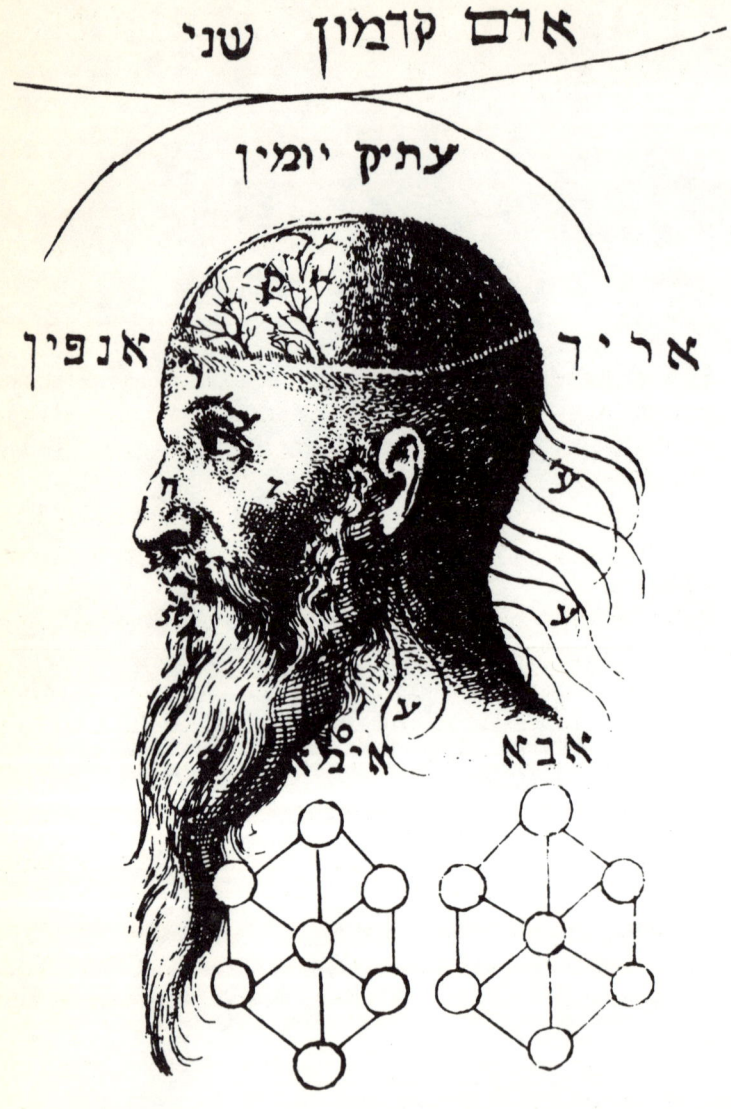

L'ADAM KADMON selon Knorr von Rosenroth, kabbaliste chrétien.

ÉLÉMENTS DE LA TRADITION KABBALISTIQUE

> « *La Sagesse est un arbre de vie pour ceux qui s'en rendent maîtres.* »
> (Proverbes, III:18).

Le *Sefer Yetsirah* dévoile la Création du Monde. Il dit, dans son style incomparable – et intraduisible – que le Dieu Vivant a créé son Univers par *Sefar* et par *Sefer* et par *Sippour*, c'est-à-dire par le Verbe et par le Nombre.

Louria précise que le Dieu Vivant s'est retiré d'une partie de Lui-même par la contraction, le *tsimtsoum*, pour y insérer la Création.

Rabbi Berekhya enseigne qu'avant la Création du Monde, la Pensée Suprême émit une grande lumière.

Le Zohar dit que l'Ancien des anciens, le Caché des cachés, sans commencement ni fin, grava et limita l'illimité. « Il tira devant Lui un rideau à travers lequel commença à se dessiner sa Royauté. »

Nous apprenons ainsi qu'à partir du mystérieux Point suprême, et à tous les degrés de la Création, chaque chose est le vêtement d'une autre chose. Toute chose sert de vêtement à une chose supérieure. Le cerveau, entouré d'une pelure, est lui-même la pelure d'un cerveau supérieur. Tout est cerveau à ce qui lui est inférieur, et pelure à ce qui lui est supérieur.

La Kabbale enseigne l'existence des trois âmes. Il est dit que le corps de l'homme sert de piédestal à un autre piédestal qui est l'âme végétative. On l'appelle *nefesh*, le degré inférieur, ou principe vital. C'est l'âme à l'état de sommeil. *Nefesh* est le soutien du corps qu'il nourrit.

Nefesh sert à son tour de piédestal à *Roua'h*. *Roua'h* est le degré intermédiaire. C'est le principe spirituel. C'est l'âme à l'état de veille.

Mais il est bien précisé que *Nefesh* et *Roua'h* ne sont pas deux essences différentes, car elles ne peuvent exister qu'unies l'une à l'autre.

Enfin, *Roua'h* sert de piédestal au degré supérieur appelé *Neshamah*, qui est l'âme proprement dite. Et cette âme véritable suscite bien des polémiques, car la Kabbale affirme que certains hommes ne la possèdent pas.

« Médite ces degrés de l'esprit humain, dit Rabbi Siméon bar Yo'haï, et tu découvriras le mystère de la Sagesse éternelle. Car c'est la Sagesse éternelle qui a formé ces degrés de l'esprit humain à l'image du Mystère suprême. »

Car selon la Kabbale, tout ce qui est sur la Terre est formé selon le modèle du monde d'En Haut. « Il n'y a pas le moindre objet en ce bas monde, dit Rabbi Yits'haq, qui n'ait son équivalent dans le monde d'En Haut qui le régit. » Aussi, en mettant en mouvement les objets d'ici-bas, on fait agir les forces d'En Haut qui les régissent.

D'ailleurs, Rabbi Eléazar dit qu'il y a deux mondes, un monde caché et un monde révélé, mais que ces deux mondes ne forment en réalité qu'un seul monde.

LE ZOHAR

> Le Zohar est comparable à l'arche de Noé, parce qu'il n'y pénètre que deux habitants d'une ville ou sept d'un royaume. Et il arrivera un temps où n'y pénétreront qu'un habitant par ville et deux par souche.
>
> Ra'aïah Me'hemnah.

La Bible, le Talmud et le Zohar sont les trois piliers de l'Hébraïsme. Il fut un temps où la mystique juive refusa de dissocier les éléments de l'incomparable trilogie. Les trois Livres coexistèrent pendant des siècles dans le cœur des *tsaddîqîm*. La sève du monothéisme qui alimentait Israël depuis le Sinaï avait enrichi le christianisme et l'Islam par le truchement des canaux séphirotiques. L'ésotérisme hébreu conduisait aux cimes de la Spiritualité. Ce fut l'âge d'or de la Kabbale.

Puis l'un des piliers se révéla ornemental, sinon encombrant. On jugea néfaste l'influence du Zohar, le Saint Zohar des Kabbalistes, le Livre de la Splendeur. On y soupçonna des apports « étrangers », on alla jusqu'à révoquer en doute son authenticité. L'exotérisme revendiqua la primauté de la Loi écrite au détriment de cette « Sagesse d'En-Haut » qui fut révélée à Moïse parallèlement à la Thorah. L'œuvre attribuée à Rabbi Siméon bar Yo'haï souffrit officiellement de quelque discrédit, mais ce fut l'honneur d'une élite de préserver pieusement le long et précieux rouleau des rouleaux, malgré l'hostilité d'une orthodoxie non mystique et le plus souvent réformiste.

Malgré le bien-fondé de certaines confrontations et déductions, force est d'admettre que la thèse de la haute antiquité du Zohar ne manque pas de rigueur. Il est même peut-être hardi, mais non insensé, d'envisager qu'un commentaire mystique composé en Babylonie soit à l'origine du Livre de la Splendeur.

Cette énorme littérature contenue dans dix-huit traités principaux, court de Dieu à la Création, du Monde à l'Homme, d'Israël au Messie.

***

Le ZOHAR est composé de très nombreux écrits qui totalisent, dans la traduction française en six volumes, plus de trois mille pages[1]. L'ensemble constitue un monumental commentaire mystique des Écritures hébraïques.

Les Préliminaires débutent avec le commentaire d'un verset du *Cantique des Cantiques*, tandis qu'un chapitre de peu de pages, comme celui du *Siphra Di-Tseniutha* — le Livre de l'Arcane — ne comporte aucune interprétation.

Le livre intitulé *Idra Rabba Kadisha* — la Grande et Sainte Assemblée — présente Rabbi Siméon bar Yo'haï définissant devant ses disciples les conditions de l'initiation kabbalistique. L'*Idra Zouta Kadisha* — la Petite et Sainte Assemblée — reprend les mystères exposés dans la Grande Assemblée, et rapporte la mort de la Lampe Sainte.

L'*Idra De-Machkana* est « l'Assemblée du Sanctuaire », et les *He'khaloth* concernent les Palais entrevus par les visionnaires mystiques ou accessibles aux hommes pieux après la mort.

Le *Raza de Razin* — le Mystère des mystères — traite pour sa part de la physiognomonie et des lignes de la main.

Il faut encore citer les traités *Sava* (Vieillard), *Yenuka* (Enfant), *Rav Metivta* (Chef de l'Académie), les *Sithré Thorah* (Secrets de la Thorah), les *Sithré Othioth* (Secrets des Lettres), *Mathnitin*, le *Midrach Ha-Neelam* (Le Livre Occulte), le *Kav Ha-Midda* (Cordeau Mystique de la Mesure), le *Ra'aïah Me'hemnah* (Pasteur Fidèle), les *Tiqqouné Zohar* et divers *Tossefta*, appendices ou annexes.

Les éléments du *Sefer Ha-Bahir*, le Livre de l'Éclat, ont été également intégrés dans le Zohar.

On reconnaîtra aisément l'importance exceptionnelle présentée par les commentaires zohariques, si l'on sait qu'un maître rabbinique jouissant d'une notoriété aussi incontestable que celle de l'Espagnol Joseph Caro (1488-1575), à qui revient le mérite d'avoir codifié le Talmud, l'œuvre fondamentale du Judaïsme, s'est révélé également comme un éminent kabbaliste.

1. SEPHER HA-ZOHAR, *le Livre de la Splendeur*, Réimpression 1970 précédée d'une Introduction par A.D. Grad, G.-P. Maisonneuve et Larose, Paris.

CANTIQUE DES CANTIQUES

Dessin et Calligraphie
de Raymond Moretti

LE CANTIQUE DES CANTIQUES

> *A l'époque de Salomon, la lune était pleine.*
> Le Zohar.

Aucun homme, dit la tradition kabbalistique, n'a jamais su chanter un cantique semblable à celui de Salomon. Pas même Moïse, qui reçut pourtant de l'Éternel la Loi écrite sur deux tables de pierre. Pas même le roi David, qui composa une centaine de Psaumes.

Adam chanta le premier cantique au premier jour du Sabbat. Moïse chanta avec les enfants d'Israël le cantique du passage miraculeux de la Mer Rouge. Avant de mourir, le grand Scribe chanta une fois encore. Josué, fils de Nun, Baraq et Deborah chantèrent des cantiques de victoire militaire. Hana chanta devant l'Éternel pour le fils qu'Il lui accorda. En reconnaissance des miracles dont le Seigneur le combla, le roi David chanta le huitième cantique. Son fils, le Roi-Prophète Salomon, devait composer le neuvième, le *Chîr Ha-Schîrîm*, le *Cantique des Cantiques*.

La tradition hébraïque ne connaît que neuf cantiques véritables. Aucun nouveau cantique n'a été composé après Salomon. Car le dixième cantique sera chanté par les enfants d'Israël pour célébrer la fin de l'exil ainsi qu'il est écrit : « Ils reviendront à Sion avec un chant de triomphe, une joie perpétuelle couronnant leur tête. » (*Isaïe*, LI:11).

Neuvième et mystérieux cantique, dont l'identité même de l'illustre auteur est parfois révoquée en doute, dont certains commentateurs contestent l'époque de la composition, dont d'autres affirment qu'il s'agit là moins d'un poème unique que d'une collection de poèmes. Cantique par excellence assimilé encore à un chant profane et dont l'Écriture Sainte ne supporte pas l'avilissement.

Cantique aux innombrables, savants... et parfois décevants commentaires. Salfeld enregistre déjà, pour la seule période comprise entre les IXe et XVIe siècles, cent-trente-quatre travaux rabbiniques. L'essai bibliographique du *Cantique des Cantiques* esquissé par Paul Vulliaud ne mentionne pas moins de trois cent dix-neuf commentateurs, parmi lesquels Alcuin, saint Anselme, saint Bernard, Bossuet, Gerson, Ginsburg, Mme Guyon, Joseph Halévy, Pierre d'Ailly, Renan, saint Thomas d'Aquin... Encore nous laisse-t-on le plus souvent dans l'ignorance des commentateurs illustres : Ezra ben Salomon ou les deux Ibn Tibbon, Samuel et Moïse, le père et le fils. Le mystique et le rationaliste libertin y trouvent chacun matière à exégèse : l'un utilise les plus beaux versets pour ses sermons, l'autre s'en sert comme d'une facétie pour festin. Tous ignorent en général qu'ils manipulent maladroitement une serrure dont la clef a été perdue depuis des siècles.

« Comprenez-vous le *Cantique des Cantiques ?* » écrivait Joseph de Maistre dans ses *Soirées de Saint-Pétersbourg*.

Il est bien évident qu'aucun commentateur officiel, de quelque option qu'il se réclame, n'a encore franchi cette étonnante muraille octogonale ouvrant sur la Chambre du Maître. Qui d'ailleurs aura remarqué que, régi fondamentalement par le nombre 9, multiple à la fois racine et base du mystère du Nom Sacré, le Cantique n'est pourtant composé que de *huit* chapitres, profilant ainsi son étrange édifice octogonal sur le désert de l'infini géométrique ?

S'il existe, ainsi que le rapporte le *Mídrach Ha-Neelam*, deux cent seize interprétations des versets du Cantique enseignées par Rabbi Eliézer à Rabbi Aqîba, force est de reconnaître qu'une telle affirmation traditionnelle peut non seulement ébranler le rationaliste impénitent, mais elle met encore en relief les richesses occultes du plus beau des chants – le neuvième.

Le *Cantique des Cantiques* est construit de la manière suivante. Il comporte :
- 117 versets ;
- 1 251 mots ;
- 5 148 caractères.

Or, 117 est un multiple de 9 (13×9). 1 251 est également un multiple de 9 (139×9).

Quant à 5 148, il est encore un multiple de 9 (572×9).

Hasard ? Coïncidence ?

Il n'y a pas ici plus de hasard ou de coïncidence que dans l'édifice des nombres du Pentateuque où 391 300 éléments entrent en jeu et se conjuguent d'édifiante manière pour défier toute loi des probabilités.

De tous les cantiques qui existent, aucun n'est aussi agréable au Saint, béni soit-Il, que le Cantique des Cantiques.

Le Zohar.

Pour rendre le chant traditionnel effectif, (c'est-à-dire pour le mettre dans les conditions les plus favorables qui assurent l'union spirituelle entre l'âme chantante et Dieu), la voix collective de la communauté, priant avec celle de son « chaliah'-tsibour », doit à la fois centraliser et synchroniser dans l'ambiance aurique de ses principales prières chantées toutes les richesses spirituelles inhérentes aux textes sacrés et aux courbes mélodiques réunies dans le chant.

M. Benharoche.

> *Ce cantique renferme tout ce qui existe, tout ce qui existait et tout ce qui existera. Tous les événements qui se passeront au septième millénaire, qui est le Sabbat du Seigneur, sont résumés dans le Cantique des Cantiques.*
>
> Le Zohar.

Que tes pieds sont beaux dans tes sandales, fille de prince !
Les contours de tes hanches sont comme des colliers,
œuvre des mains d'un artiste.
Ton nombril est une coupe arrondie
où le vin parfumé ne manque jamais.
Ton ventre est un monceau de froment entouré de roses.
Tes deux seins sont comme deux faons, jumeaux d'une gazelle.
Ton cou est comme une tour d'ivoire.
Tes yeux sont les piscines de 'Heshbon près de la porte de Bath-Rabbim.
Ta tête est élevée comme le Carmel
et tes cheveux sont de la pourpre.
Un roi est enchaîné par ces tresses !
Que tu es belle et que tu es gracieuse,
Amour, en toutes tes délices !
Ta taille ressemble au palmier
et tes seins à des grappes.

ISAAC ET JÉSUS

Jésus peut-il être plus grand – et pas seulement aux yeux des seuls pharisiens – que le jeune fils d'Abraham ?

Comme Jésus, Isaac est prêt à s'offrir lui-même en sacrifice. L'Interprète de la Loi rapporte une tradition rabbinique selon laquelle Isaac dit à son demi-frère Ismaël : « Si Dieu me dit : Offre-toi entièrement en sacrifice, je ne me déroberai pas[1]. »

Comme Jésus, *Isaac porte lui-même le bois du sacrifice sur son dos,* ainsi qu'il est écrit : « Abraham prit le bois du sacrifice, *le chargea sur Isaac son fils* »[2].

Comme Jésus, Isaac comprend qu'il va être immolé. Il sait que le mont Moriah où l'a mené son père est le mont des sacrifices. C'est là que pratiquèrent Adam, Caïn et Abel, Noé et ses fils.

Isaac interroge son père Abraham : « Voici le feu et le bois, mais où est l'agneau de l'holocauste ? » Et Abraham répond : « Dieu choisira lui-même l'agneau de l'holocauste, mon fils ! » Et ils allèrent tous deux ensemble, dit l'Écriture. Ils arrivèrent à l'endroit que Dieu avait indiqué. Abraham y construisit l'autel, *disposa le bois, lia son fils Isaac et le plaça sur l'autel, par-dessus le bois*[3].

Pas un seul instant Isaac n'a cherché à fuir, pas un seul instant il ne s'est débattu malgré la pulsion de vie de son jeune âge. Il a été de bonne volonté jusqu'au bout, il n'a pas élevé la moindre protestation, il n'a pas dit un seul mot

1. Rachi, Chapitre *Wayerâ*, p. 135.
2. *Genèse*, XXII:6.
3. *Genèse*, XXII:9.

depuis qu'il a été lié et placé sur l'autel. Il a été « d'un même cœur » avec son père, dit une tradition rabbinique.

Contrairement à Abraham, Isaac n'a pu nourrir aucun espoir jusqu'à la dernière seconde. Abraham, à la rigueur, peut croire « au miracle ». L'Éternel lui avait dit : « Certes, Sarah, ton épouse, te donnera un fils, et tu le nommeras Isaac. *Je maintiendrai mon pacte avec lui, comme pacte perpétuel à l'égard de sa descendance* [4] ». Une telle promesse de l'Éternel ne pouvait impliquer le « sacrifice » d'Isaac. Abraham avait de quoi être perplexe. Il aurait même pu se livrer à cette sorte de « marchandage » dont il eut le secret devant Sodome pour tenter d'éviter la destruction de la ville entière. « De grâce, que mon Seigneur ne s'irrite point de mes paroles ! aurait pu dire Abraham. Comment puis-je Te sacrifier mon fils puisque Tu as scellé un pacte avec lui, et qu'il n'a pas encore de descendance ? » Les Rabbis du Talmud imaginent ce qu'aurait pu être « l'explication » entre l'Éternel et

Le sacrifice d'Isaac, Francfort 1692.

Abraham *après* le « sacrifice ». Mais *avant*, Isaac, lui, ne peut douter qu'il va être immolé.

Et l'Éternel sauve Isaac *in extremis* du bois du sacrifice.

Au moment où Abraham saisit son couteau pour offrir Isaac en holocauste, l'Ange du Seigneur l'appelle deux fois par son nom : Abraham ! Abraham !

Isaac est sauvé.

Au contraire, avec Jésus, c'est le Fils agonisant qui en est réduit à appeler par deux fois le Père : *Eli ! Eli !*, « Mon Dieu ! Mon Dieu ! »

EN VAIN.

4. *Genèse*, XVII:19.

Aucun bélier ne se prend les cornes dans les buissons du Golgotha.
Jésus est effroyablement seul.
Aucun Ange du Seigneur ne vole au secours du Fils.
La terre tremble. Les rochers se fendent. Les sépulcres s'ouvrent.

Le Fils – « par lequel Dieu a créé le monde », « reflet de sa gloire » et « empreinte de sa personne », « soutenant toutes choses par sa parole puissante »⁵ – le Fils n'est plus qu'un cadavre cloué au bois.

Il n'est pas si facile de passer du bois d'Isaac à la Croix de Jésus, à moins de se résigner aux erreurs impardonnables que commettent les « kabbalistes » fantaisistes qui, se référant au *De Arte Cabalistica* de Johann Reuchlin, confondent la croix et... l'image⁶.

---

5. *Épître aux Hébreux*, I:1-3.
6. Les pseudo-kabbalistes spéculent sur une donnée guématrique rapportée par Reuchlin, qui permet de rapprocher les mots hébreux *tselem* (image) et *ets* (bois). S'il est vrai que les deux mots ont la même valeur numérique (160), il convient de préciser que le mot « croix » ne se dit pas *tselem*, en hébreu, mais *tselâv* (de valeur 122, et non 160). Jésus, le Crucifié, est appelé en hébreu *Ha-Tsalouv*. Les kabbalistes chrétiens ont-ils été enseignés par des « yiddishisants » ashkenazes qui confondent volontiers la croix et l'image dans le parler vulgaire ? Mais l'hébreu est l'hébreu, et la Kabbale ne s'exerce qu'en langue sacrée.

אמת

TUER DIEU
EST-CE POSSIBLE ?

> *Ainsi parle le Seigneur à la maison d'Israël : « Recherchez-moi, et vous vivrez ! »*
> *Amos*, V:4.

Tuer Dieu – est-ce possible ?
Bien sûr que c'est possible. Les preuves ne manquent pas. Nous les possédons.
Mais les enquêteurs chargés de l'affaire du meurtre de Dieu ont suivi une fois de plus les voies de la facilité. Les déicides ? Cela ne fait aucun doute, il ne pouvait s'agir que des Hébreux ou à la rigueur d'un procurateur romain. Qui s'aviserait de rechercher les déicides parmi les cardinaux ou les christolâtres, les adorateurs de l'Homme-Dieu, Centre de Tout ?
Les déicides ?
Bien cachés à l'Oratoire de Jésus et de Marie Immaculée.
Bien cachés au Carmel de l'Incarnation.
Bien cachés – aussi – à l'Académie des Sciences.
Bien cachés rue Beaubourg à Paris, ou faisant une retraite à Port-Royal des Champs.
Certes, ceux-là n'ont pas tué le Rabbi de Nazareth, c'est évident.
Ils ont commis le pire des forfaits : le vrai « meurtre de Dieu ».
ILS ONT TUÉ LE PÈRE.
Ceux-là s'appellent le cardinal de Bérulle – sans qui

Descartes, peut-être, ne serait pas l'homme du *Discours*[1] –, ils s'appellent Anne de Jésus, Malebranche, le second Pascal, celui qui s'est pris au piège de sa propre propagande.

Éperdus de christolâtrie, ils ont confondu la fin et les moyens. Le moyen appelé « Christ » est devenu un tel sujet d'adoration, qu'il a fini par occulter complètement la Fin dernière – l'Ancien des jours. C'est tout le drame de la lutte entre le Christocentrisme et le Théocentrisme[2].

Au nom du Fils, ON TUE LE PÈRE.

Au nom du Fils, on sacrifie aux reliques, on vénère des images, on peint des icônes jusqu'aux rives de l'océan Glacial. Les ossements des martyrs chrétiens alimentent la pierre d'autel. L'Éternel peut rester dans la brume.

Les premiers Chrétiens ne s'y trompèrent pas. Les plus lucides firent la part du feu. Pour eux, si Jésus est le Christ, le Père reste le Père. Ces croyants encore près des sources n'adressent pas leurs prières au Seigneur Jésus-Christ mais au Seigneur d'Israël.

Il n'y a pas lieu de s'étonner si une religion « bipolaire » finit par déboucher sur une christolâtrie teintée d'anthropomorphisme. Le Christ reste seul au cœur de la liturgie. On est loin du Dieu d'Abraham et de Moïse.

Jésus premier servi.

« Jésus, le vrai soleil et le vrai centre du monde » dit le cardinal de Bérulle.

Jésus premier servi.

Sauf chez les Carmélites.

Ou encore chez les Chartreux.

Bonhoeffer – un théologien chrétien des années 30 qui n'est pas sans rappeler Reich à l'occasion – prône le « déicide ». D'ailleurs, il n'est pas sans jubiler à l'idée que Dieu « perd toujours plus de terrain »[3].

Les déicides adorateurs du « vrai soleil » n'ont rien à envier aux meurtriers de Jésus, quoiqu'une différence

---

1. Cf. Abbé Jean Milet, *Dieu ou le Christ ?*, Éditions de Trévise, Coll. Polémique, Paris, 1980, p. 160.
2. On lira avec profit l'excellent ouvrage de l'Abbé Jean Milet. Il s'agit d'une Étude de psychologie sociale consacrée aux conséquences de l'expansion du christocentrisme dans l'Église catholique du XVIIe siècle à nos jours.
3. Lettre du 8.6.44, in *Dieu ou le Christ, op. cit.*, p. 269.

notoire existe pourtant entre les deux « victimes », qui ne peuvent en aucun cas être mises sur un pied d'égalité.

« *Dieu* » *ne saurait mourir à Lui-même.*
Tandis que Jésus meurt à lui-même.
Jésus meurt à lui-même comme seuls savent mourir à eux-mêmes l'Intrus et la Femme.
L'Intrus et la Femme meurent à eux-mêmes *en s'offrant.*
L'Intrus et la Femme sont consentants. Ils connaissent – c'est-à-dire, en hébreu, ils aiment – de tout leur être. Les Caïns ne font que prendre, le plus souvent de force, même lorsqu'ils se marquent eux-mêmes d'un signe rassurant.

C'est en cela que l'Intrus et la Femme sont vulnérables.

IDENTITÉ DE LA MÈRE

*Selon l'ésotérisme hébreu,
le mystère de la Mère Suprême,
la* Shekhinah,
renferme toutes les femmes[1].

    Les kabbalistes possèdent toute une nomenclature zoharique pour célébrer la *Shekhinah*. Ordonnée, cette nomenclature présenterait toutes les apparences d'un poème, voire d'une étrange litanie :

Pupille de l'OEil
Gloire du Seigneur
Gloire du Seigneur en Son Lieu
Grande Mer
Dixième Ciel
Terre Céleste
Terre du Saint, béni soit-Il
Holocauste du Saint, béni soit-Il
Feu
Fille du Roi
Fiancée
Ange
Ange libérateur
Ange de YHWH
Bénédiction de YHWH
Autel Suprême
Shekhinah-aux-Trois-Anges

1. *Zohar, I:228 b.*

et-aux-Soixante-Dix-Trônes
Ouvrant la marche d'Israël dans le désert
Sœur
   qui étais avec Sara
             avec Abraham
             avec Isaac
             avec Jacob
             avec Moïse
             avec David
Vallée de Vision
Muraille
Porte
Chevet du Lit
Petite
Humble
Servante
Tutrice des pauvres
Goutte
Grand Bien
Grande Bonté
Pain de la Terre
Ame du Tabernacle
Chandelier du Saint, béni soit-Il
Couronne sur la Tête du Roi Suprême
Sceau du Roi Suprême
Mezouza
Sabbat
Pierre de l'Angle
Pierre Intégrale
Colonne du Milieu
Marque de l'Alliance
Fille de Mon Cœur
Anô'khî
Olâm
Serment du Seigneur
Tribunal
Beauté d'Israël
Colombe
Monceau de pierre

Puits
Réservoir de l'âme des Justes
Pain Azyme
Sacrifice quotidien du matin
Base du Monde[2]

---

2. *Cf.* Ra'aïah Me'hemnah, Sithré Thorah et Zohar (I:25a, I:236a, II:165a, II:86a, I:256a, II:94b, I:113b, I:230a, I:70b, I:173b, I: 176b, I:81b, I:111b, I:101a, I:139a, I:166a, I:203a, I:228b, I:225b, II:133a, II:94b, II:86b, II:127a, I:26a, II:140b, II:144b, II:158a, III:257a, III: 257b, II:230a, II:117b, II:19a, II:115b, II:116a).

TOUT DEPEND DE LA FEMME

Moïse se sera vite aperçu que les femmes ont une grande puissance.

C'est exactement ce que Kafka fait dire à K, son héros du *Procès*, lorsqu'il s'adresse à l'Abbé, au chapitre intitulé « A la cathédrale ».

— *Les femmes ont une grande puissance.*

Faut-il voir dans cette phrase de Kafka comme un lointain écho d'un commentaire homilétique du livre de la Genèse ?

On lit, en effet, dans le *Beréchith Rabba*, cette phrase édifiante :

— *Tout dépend de la femme.*

Nous pensons qu'il n'y a pas lieu d'être surpris de retrouver chez Kafka des formulations de la tradition hébraïque.

Le monde de Kafka est suffisamment évocateur. On y parle d'une *Loi*, et cette Loi est méconnue. Les couloirs et les petits passages donnent sur des cours. Les arcanes ouvrent toujours sur d'autres arcanes. Le héros va-t-il emprunter un escalier – un escalier étroit, bien sûr – qu'il découvre aussitôt qu'il y en a également d'autres, que l'on pourrait tout aussi bien prendre, et dont on ne sait pas du tout où ils mènent. Les paraboles de la condition humaine, chez Kafka, ont quelque chose de biblique, mais dans un style qui se voudrait celui d'un procès-verbal.

Dans un autre de ses écrits, *la Muraille de Chine*, c'est une quête initiatique, une volonté presque insensée de « rassembler ce qui est épars », pour retrouver la Tradition.

Aussi, surprendre chez Kafka, dans un même raccourci, l'écho d'une phrase du *Beréchith Rabba*, ne doit pas nous étonner.

Tout dépend de la femme.
Cette assertion est évidente pour les kabbalistes. Mais elle l'est tout autant pour les talmudistes.

Il est certainement malaisé, pour qui n'est pas du « sérail », de faire le départ entre ces deux races spirituelles, pourtant complémentaires, quoique parfois antagonistes. Un talmudiste ennemi de la Kabbale se sent une âme de Savonarole face à un tenant du Zohar. Un kabbaliste ami du Talmud placera pourtant la mystique au-dessus de la « religion », s'il est vraiment permis de parler de religion à propos de l'Hébraïsme.

Quoi qu'il en soit, talmudistes et kabbalistes lisent les uns comme les autres le traité talmudique intitulé *la Porte Moyenne* (Baba Metsia).

Ils lisent donc ensemble cette sentence du Talmud qui consacre la puissance de la femme :

— *C'est la femme qui introduit dans la maison la bénédiction.*

Sentence marginale ? « Accidentelle » ?
Certainement pas.
Considérons, par exemple, le *Traité de l'Impureté* (Nidda). Voyons ce qu'il peut y avoir d'élogieux et de catégorique dans une telle affirmation :

— *La Providence a donné plus de discernement à la femme qu'à l'homme.*

Si l'on croit ici à une démonstration de galanterie de la part des talmudistes, on peut en être bien vite dissuadé. Ce n'est pas précisément leur genre. Le Talmud de Babylone nous met suffisamment en garde par ailleurs devant la beauté du visage féminin, la douceur de la voix ou même la chevelure. Il y a donc de quoi être intrigué.

Il faut alors se demander pourquoi la faculté de discernement serait liée à la nature du sexe, pourquoi cette faculté de discernement serait, aux yeux des talmudistes, un privilège féminin.

La femme serait-elle redevable de cet état de fait à l'absence de chromosome Y ?

Ou bien, contrairement à ce qui se passerait, paraît-il, chez l'homme, bénéficierait-elle d'un plus grand parallélisme des deux hémisphères de son cerveau ?

De toute façon, il est déjà curieux de relever que, selon nos scientifiques, la femme aurait une moins bonne perception de l'espace que l'homme.

S'il en est ainsi, alors les kabbalistes ont tout lieu de se réjouir de cette déficience exceptionnelle.

Il se trouve en effet que la tradition kabbalistique accorde à l'idée de *temps* la primauté sur celle *d'espace*. Les kabbalistes sont essentiellement les bâtisseurs du Temps. Et cette difficile perception féminine de l'espace serait ainsi un privilège congénital très appréciable en kabbale.

Nous ne savons pas si les taoïstes sont plus galants que les talmudistes et les kabbalistes réunis, mais nous les croyons pour le moins assez « réalistes ».

Si « tout dépend de la femme » pour le *Beréchith Rabba*, pour le *Tao*, c'est la femme qui l'emporte sur toute la ligne.

Le petit poème 61 du *Tao* nous assure de cette évidence :

« *La femelle toujours l'emporte sur le mâle, par sa douce passivité. Douce et passive, elle parvient dessous* ».

A quoi répond le commentaire chinois :

— *L'eau l'emporte sur le rocher, le féminin l'emporte sur le masculin.*

A la différence des taoïstes, les kabbalistes ne tombent pas dans l'extrémisme des primautés. Il ne s'agit pas, en kabbale, d'une victoire du féminin sur le masculin. Ce qui serait d'ailleurs dépourvu de toute signification, même s'il s'agissait de l'inverse, évidemment.

C'est une des plus grandes figures du hassidisme, le Rabbi de Lublin, celui qu'on appelait *le Voyant*, qui précise peut-être le mieux le point de vue kabbalistique sur le fait féminin. Le Rabbi de Lublin ne manquait jamais de rappeler cette parole des Sages :

La femme n'a pas d'autre alliance qu'avec celui qui a fait d'elle un vase. Car lorsqu'il la connaît pour la première fois, le mari fait d'elle un vase, afin que s'éveille en elle sa féminité.

Pour les kabbalistes, « l'éveil de la féminité » est plus important que la préséance éventuelle d'un sexe sur l'autre. Cependant, souvenons-nous de la loi sexuelle qui régit le symbolisme de la Kabbale. Un sexe ne vaut jamais que par l'autre.

C'est pourquoi il nous paraît significatif que le – ou les – librettistes du célèbre opéra *la Flûte Enchantée* aient mis en évidence, non seulement cet aspect kabbalistique de la complémentarité des « contraires », mais surtout le fait que l'initiation maçonnique valorise exceptionnellement la participation du couple.

Nous disons bien « l'initiation maçonnique », car le livret de *la Flûte Enchantée* et la musique du Frère Mozart ne sont pas œuvre de fantaisie germée dans le cerveau d'un solitaire.

On sait qu'à l'époque l'empereur d'Autriche Léopold II avait ordonné la fermeture des Loges maçonniques. La réaction des Maçons ne se fit pas attendre. Il est à peu près certain que c'est l'ensemble de la Franc-Maçonnerie autrichienne, par le truchement des grands dignitaires, qui participa à l'élaboration de l'œuvre. Certes, Schikaneder, le directeur du théâtre où fut représentée *la Flûte Enchantée*, et Giesecke – de son vrai nom C.T. Mezler, un minéralogiste doublé d'un auteur prolifique d'opéras – sont les signataires du livret. Mais s'il faut mettre à l'actif de Ludwig Giesecke le projet de l'initiation maçonnique du prince Tamino, Mozart devait répondre aux vœux des néophytes privés de toute initiation symbolique par l'interdiction impériale. En transposant « artistiquement » le Rituel maçonnique, Mozart allait permettre aux spectateurs postulants de recevoir l'instruction dans des conditions optimales.

C'est une Maçonne – le fait mérite d'être relevé – qui souligna quelques points remarquables dans *la Flûte Enchantée*. La Sœur Amélie André-Gédalge note en effet :

- que Tamino n'entre pas *seul* au temple,
- qu'il ne passe pas *seul* les épreuves,
- qu'au contraire, la Bien-Aimée, sa Fiancée Pamina, est éprouvée en initiée, au même titre que lui (selon l'expression du librettiste)[1].

François Ménard, l'éminent critique de la Revue *Le Symbolisme* qui présente l'étude, observe dans un renvoi :
« Ce fait très important montre que les auteurs conçoivent, en accord avec la tradition universelle, que l'Homme n'est vraiment complet et autonome que lorsqu'on considère le Couple Homme-Femme et non les deux sexes séparés. Il y aurait là sans doute un souvenir du Zohar : « Le Saint, béni soit-il, ne descend que là où l'homme et la femme sont réunis. »

Quant à Amélie André-Gédalge, elle écrit à propos de la fameuse scène des « Épreuves » :
« La Femme qui ne redoute ni les ténèbres, ni la mort, est digne de l'Initiation. »

La sœur observe encore que « le sentiment prédominant dans *Die Zauberflöte* est celui de l'Amour. »

« Cette passion, dit-elle, dans l'ouvrage analysé ici, étudié très finement, très philosophiquement, sous toutes ses formes et selon la méthode de l'*Abraxas*, qui considère que toute émotion est une *Grande Force* pouvant, selon l'emploi qui en est fait, produire de bons ou de mauvais effets. »

La méthode de l'*Abraxas*, c'est « la science maçonnique par excellence ».

C'est la science que possède l'Initiateur, le Maître du « Septuple cercle solaire ».

Notons au passage, qu'il s'agisse de la « Pierre Cubique à pointe », des sept marches du Temple ou de l'âge des Maîtres, que le septénaire est caractéristique du symbolisme de la Franc-Maçonnerie. On le retrouve bien évidemment dans les principales traditions. Comme il est dit en Kabbale, selon Rabbi Hiya, « tout ce qui est septième est supérieur

---

1. Amélie André-Gédalge, *Die Zauberflöte*, in *le Symbolisme*, février 1928, p. 39 Réimpression *le Symbolisme de la Flûte Enchantée* en Appendice au texte de François Ménard, in *le Symbolisme*, n° 4/320, p. 276.

aux autres. Le septième jour en haut est supérieur aux six autres, et il en est de même des jours d'ici-bas. Le trône de Salomon avait six degrés, et Salomon en constituait le septième. Il y a sept couronnes en haut, et Salomon avait sept noms : Salomon, Yedidyah, Agour, Ben Yaqa, La-

mouel, Ithiel, Qôheleth. Salomon prononça sept fois le mot *Hevel* (buée, vanité)[2].

Dans *la Flûte Enchantée*, le Maître du septuple cercle solaire porte le nom de Sarastro − *Sar, astro* −, c'est-à-dire « le Prince des Astres ». Le Grand-Prêtre Sarastro est l'Initiateur du couple.

2. Cf. A. D. Grad, *le Livre des Principes Kabbalistiques*, Robert Laffont, Paris, 1974, pp. 73-74.

Tamino passe donc les épreuves du *Feu* et de *l'Eau en compagnie de Pamina*. Comme la Fiancée marche, dans cette scène, appuyée de la main gauche sur l'épaule droite de Tamino, A. André-Gédalge voit dans ce geste – qui peut représenter à la fois la faiblesse (cherchant un soutien) et la force protégeant l'être qu'elle touche – celui de la Brahmine placée auprès de son époux pendant le sacrifice quotidien[3].

Après avoir montré que les Fiancés sont capables, non seulement de vivre l'un pour l'autre, mais encore de « mourir l'un pour l'autre », notre Maçonne se doute que les noms de Tamino et de Pamina indiquent « la qualité de leur être ».

C'est là la vérification du grand principe kabbalistique, selon lequel l'homme habite son nom, qui est un nombre. Malheureusement, si l'analyse d'A. André-Gédalge est pertinente quant à l'essentiel, ses références aux lettres hébraïques sont erronées.

On peut effectivement voir en Tamino la personnification de l'âme virile – intellectuelle –, et en Pamina l'âme féminine – sensible –, « toutes deux complémentaires l'une de l'autre et existant en chacun de nous ». Par contre, il n'est pas admissible, d'une part, de confondre l'initiale de Tamino avec la lettre *Tau* (sic), qui n'existe pas en hébreu, alors que l'alphabet hébraïque possède deux lettres « T », le *Teth* et le *Taw*, et que, d'autre part, aucune de ces deux lettres, non plus que l'initiale de Pamina, le *Pé* ou le *Phé*, ne symbolisent, en kabbale, les qualités ci-dessus invoquées. Le *Teth* représente au contraire la perfection « féminine », et le *Pé* n'est absolument pas représentatif de la « sensibilité » paminéenne.

En revanche, l'allusion au *Rebis* alchimique est parfaitement correcte. Le Rebis alchimique, selon Fulcanelli, est cette « matière double, à la fois humide et sèche, amalgame d'or et de mercure philosophiques, combinaison qui a reçu de la nature et de l'art une *double propriété* occulte exactement équilibrée »[4]. Quant au symbole du Compas et de l'Équerre entrecroisés sur le premier plateau des Loges

3. A. André-Gédalge, *op. cit.*, p. 280.
4. Fulcanelli, *le Mystère des Cathédrales*, p. 204.

maçonniques, nous lui avons donné un autre sens, en évoquant le « Jardin fermé » de Salomon.

Ce qu'il faut retenir, semble-t-il, au dernier acte de *la Flûte Enchantée*, c'est surtout le fait que « *c'est Pamina elle-même* » – quand elle a rejoint le jeune prince Tamino au cours des épreuves – qui explique *le doigté et les vertus* de la Flûte magique à son fiancé. La Flûte Enchantée, nous dit-on, a été transmise à Pamina par son père défunt.

« Ceci montre clairement, constate François Ménard, qu'une *transmission par le sexe féminin est nécessaire pour l'obtention des pouvoirs initiatiques.* »

Cette affirmation est d'une capitale importance. Car *la Flûte Enchantée* montre bien, à ce niveau, que « tout dépend de la femme ».

« Une influence féminine est obligatoirement requise pour arriver à la maîtrise et à la Délivrance. »

On pourrait d'ailleurs faire un curieux rapprochement, à cet endroit, entre Mozart et Goethe. Ce dernier l'avait déjà établi, il va sans dire, mais d'un point de vue très particulier. En effet, si l'on en croit le Goethe des *Conversations avec Eckermann*, « Mozart était l'unique musicien qui eût pu mettre un point final à (son) *Faust* ».

Toutefois, il serait aisé de se méprendre sur le bien-fondé de la confidence, tout au moins en ce qui concerne le sentiment de Goethe sur *la Flûte Enchantée*. Il n'est pas du tout certain que l'auteur de *Faust* ait interprété le symbolisme de l'opéra au plan de l'Initiation. Le contraire paraît même plus évident, car Goethe condamnait des scènes qui lui semblaient pleines « d'invraisemblances ».

Il y a donc une incompréhension du livret de la part de Goethe, et c'est beaucoup plus du « musicien » inspiré que de l'initié Mozart dont Goethe rêvait pour son *Faust*. D'ailleurs, le seul fait qu'il ait pendant longtemps caressé le projet d'écrire une suite à *la Flûte Enchantée*, montre bien que Goethe ne soupçonnait pas vraiment dans cette œuvre le caractère exact de la transposition. Il semble surtout avoir été séduit par le côté spectaculaire des contrastes qui produisent « un grand effet dramatique ».

Pour notre part, le rapprochement entre Mozart et Goethe paraît très significatif, lorsque nous songeons plus précisément au Chorus Mysticus du *Second Faust* avec lequel se termine la tragédie. C'est ici que *Faust* fait réellement écho à *la Flûte Enchantée*, c'est en effet ici que Goethe rejoint Mozart :

Tout ce qui est périssable
N'est qu'un symbole ;
L'inaccessible
Ici devient un fait ;
L'Indescriptible
Ici est réalisé ;
L'ÉTERNEL FÉMININ
NOUS ATTIRE VERS EN-HAUT.

Il n'est certainement point fortuit que ces deux derniers vers soient ceux de la dernière œuvre de Goethe, comme *la Flûte Enchantée*, d'ailleurs, est la dernière œuvre de Mozart[5].

---

5. *Le Meurtre Fondamental*, par A. D. Grad, Éditions Alain Lefeuvre, 29, rue Pastorelli, Nice.

PRINCIPES KABBALISTIQUES

— Rabbi Yossé dit : « Pour susciter les actions d'en haut, il faut commencer par un mouvement ici-bas. »
— Rabbi Abba dit : « Ce qui est visible n'est que le reflet de ce qui est invisible. »
— Rabbi Siméon dit : « Ne dis pas : Je me consacrerai à l'étude de la Loi quand je jouirai du bien-être et de l'aisance. L'étude de la Loi ne demande ni richesse, ni vaisselle d'argent et d'or. Un cœur brisé y suffit, et il trouve sa guérison dans la Loi. »
— Rabbi Ya'akov ben Sheshet dit : « Tout ce qu'un homme sur le chemin de la foi peut imaginer de neuf dans la Loi sert à augmenter et à glorifier la Loi. »
— La Lampe Sainte dit : « Si l'Éternel retirait sa part de l'homme, il ne resterait rien à celui-ci. »
— Rabbi Eléazar dit : « Le secours de l'Éternel n'est pas toujours celui dont l'homme croit avoir besoin. »
— Rabbi Nahman de Bratzlav dit : « Chaque homme porte dans la clarté de son visage les contours de son propre paradis. »
— Rabbi Nahman de Bratzlav dit aussi : « Celui qui ne peut dormir, qu'il songe à la résurrection des morts. »
— Le Pasteur Fidèle dit : « Même les idolâtres les plus ignorants savent qu'ils font mal. »
— Le Pasteur Fidèle dit, selon les Maîtres de la Michnah : « Celui qui se met en colère est comme s'il adorait les idoles. »
— Un Maître disait, selon Isaac d'Akko : « Tant que vous n'avez pas de sérénité et que vous pouvez encore ressentir l'aiguillon de l'insulte, vous n'avez pas atteint l'état où vous pouvez fixer vos pensées sur l'Éternel. »

— Rabbi Yossé dit : « L'homme qui ne sent plus le fouet du Seigneur a certainement cessé d'être aimé de Lui. »

— Rabbi Eléazar dit : « La Gloire Divine ne repose pas sur un homme triste. »

— Raba dit : « On peut même transgresser un précepte légal dans l'intérêt de la Loi. »

— La Lampe Sainte dit : « Le monde n'est stable que dans le secret. »

— Rabbi Yossé dit : « Les hommes ne savent ni ne cherchent à savoir sur quoi le monde est basé, ni même ce qui leur sert d'appui à eux-mêmes. »

— Rabbi Hiya dit : « C'est grâce à la combinaison des noms sacrés du Dieu Vivant qu'on opère des merveilles en ce monde. »

— Rabbi Siméon dit : « Tous les trésors du Roi Suprême sont enfermés sous une seule Clef. »

— La tradition enseigne qu'un seul ange ne doit pas accomplir deux missions.

— Rabbi dit : « J'ai médité longtemps et j'ai constaté qu'il n'y a rien de si solide au monde que ceux qui savent se maîtriser. »

בראשית

LE PREMIER MOT DE LA BIBLE OU L'ALLIANCE DU FEU

> *Celui qui croit que le Livre de la Genèse est le Livre du Commencement se trompe.*
> *Celui qui croit que le Livre de la Genèse n'est pas le Livre du Commencement se trompe.*
> *Celui qui, pur d'intentions, la face éclairée par l'Éternel et l'esprit libre de passions, prendrait déjà peine aux sept premiers mots hébreux de la Bible, et découvrirait avec nous que le Livre de la Genèse est en vérité LE LIVRE DE L'ALLIANCE DU FEU, celui-là serait bien près de conquérir la Lumière Divine.*

Le premier mot de la Bible, le premier mot du premier livre de la Bible, c'est la clef qui recèle tout, « c'est la clef qui ferme et ouvre », pour reprendre les termes mêmes du Zohar.

Au commencement...

Toutes les traductions littérales rendent le premier mot de l'Écriture par : « Au commencement ». La Bible semble débuter ainsi comme un récit profane, par un « Il était une fois... » magistral, de plus grande envergure, il est vrai, que celui qui ouvre les contes de Perrault, puisqu'il s'agit de la Fois des fois, de la Fois unique dans l'histoire de la Création, celle où s'enracine la Cosmogonie à partir du néant.

Au commencement...

C'est simple. C'est même très simple pour un mot qui serait une clef complète, qui ferme et qui ouvre la Bible.

A supposer que l'idée de commencement ne pose pas de problème, tout au moins celui qui revient sans cesse : si le monde n'a pas eu de commencement, comment a-t-il pu exister de toute éternité – un livre aussi doit avoir un commencement, surtout s'il s'agit du Livre de la Création. Et c'est bien ainsi que le mot hébreu *Beréchîth*, le premier mot de la Bible, est traduit dans toutes les langues profanes, comme un « Il était une fois, la Fois des fois, aux sources du Temps, à la frontière du Non-Temps et du Non-Être.. »

Au commencement...
En hébreu : *beréchîth.*

Le grand interprète de la Loi, le *parchan data* Rachi, partisan, rappelons-le, du sens littéral du texte sacré, ne manque pas de mettre en relief : *beréchîth* ne peut pas signifier « Au commencement » tout court.

Que constate Rachi ?

– tout d'abord, un véritable « commencement de toutes choses » ne peut pas s'écrire en hébreu *beréchîth*, mais *berîchônâh*. Cela voudrait dire très précisément : « en premier lieu »,

– ensuite, le mot *réchîth* n'apparaît dans la Bible que « construit » avec le mot suivant, et jamais sous forme de locution isolée.

La lecture du premier mot de la Bible est d'une importance capitale.

Une faute de grammaire en langue sacrée, dès le premier mot du Livre sacré, serait sacrilège et intolérable.

Si l'on veut bien avoir présent à l'esprit :

– que la valeur numérique d'un mot (*Beréchîth* vaut 913) est inchangeable,

– que l'hébreu est composé uniquement de consonnes, ce qui élimine l'importance de la vocalisation,

– que la tradition enseigne que l'ordre des paragraphes de la Bible *n'est pas l'ordre véritable,* celui-ci étant connu du seul Maître de l'Univers, *sinon chacun qui les lirait pourrait créer un monde, animer les morts et faire des miracles,*

alors on s'apercevra que sans changer la valeur numérique

de *Beréchîth*, et en rétablissant l'ordre des consonnes qui est à l'image de l'ordre des paragraphes, l'exemple le plus remarquable de lecture secrète que nous offre la Bible est justement fourni par le premier mot du Livre de l'Alliance du Feu. Et le second exemple sera donné sans équivoque aucune par le dernier mot de ce livre.

C'est ainsi que le mot *Beréchîth* peut se lire :
BERITH-ESCH
- mêmes consonnes,
- même valeur numérique (913),
- l'ordre des consonnes étant pratiquement le même, les deux lettres centrales apparaissant isolées de leur contexte.

Les deux lettres centrales de *Beréchîth* (*Aleph* et *Schine*) se lisent : *Esch*. — *Esch* veut dire : FEU.

Les quatre autres lettres se lisent : *Berîth*. — *Berîth* signifie : ALLIANCE.

Le premier mot de la Bible signifie : ALLIANCE DU FEU, et le nom du premier Livre de la Bible doit donc porter, selon la coutume hébraïque, le titre de LIVRE DE L'ALLIANCE DU FEU.

Car nous allons voir :
- d'une part, que le Livre de l'Alliance du Feu se termine justement au verset du livre suivant dit de la Genèse, *où l'ordre de la Création n'est plus respecté* ;
- d'autre part, que le feu central et universel qui brûle dans le cœur du mot *Beréchîth* est aussi le *premier* élément cité dans le premier verset de la Genèse, *avant les eaux et avant la terre.*

TYPOGRAPHIE
ET
FILIGRANE

La première lettre du texte de la Bible hébraïque – le *Beith* de *Beréchîth* – est d'une grosseur exceptionnelle. Cette anomalie n'a d'équivalent, en tête des livres sacrés, que dans le *Cantique des Cantiques*, avec la première lettre – le *Shine* – de *Chîr*.

La lettrine ou l'ornementation typographique n'étant pas de mise dans l'Écriture, toute anomalie dans la composition ne peut que forcer l'attention, d'autant plus que les « anomalies » se répètent méthodiquement et invariablement, aux mêmes endroits, dans toutes les Bibles imprimées en hébreu.

Si l'on excepte donc la toute première lettre de l'Écriture originale, il faut arriver à la lecture du chapitre II, verset 4, du Livre dit de la Genèse – que nous appelons le Livre de l'Alliance du Feu –, pour rencontrer la première anomalie typographique de la Bible.

On lit au verset de *Genèse*, II : 4 :

« Telles sont les origines du ciel et de la terre, lorsqu'ils furent créés. »

En hébreu, « lorsqu'ils furent créés » se dit : *behîbârâm*.

C'est ce mot *behîbârâm* qui comporte une anomalie typographique.

La deuxième lettre de *behîbârâm* – un *Hé* – est d'une petitesse exceptionnelle.

Bien que ce mot ne soit pas le dernier du verset, il termine en fait le Livre de l'Alliance du Feu.

Le plus surprenant, c'est que *Behîbârâm* représente

justement en hébreu l'anagramme parfaite de *Be-Abraham* (mêmes consonnes).

Be-Abraham signifie : « par Abraham ».

Selon le Zohar, la lecture du verset est donc la suivante : « Telles sont les origines du ciel et de la terre, LORSQUE LE NOM D'ABRAHAM FUT CRÉÉ. »

Or, pour le jour de la création du nom d'Adam, ainsi que le rapporte plus loin *Genèse*, V : 2, il est écrit également en hébreu : *be* (yôm) *hîbârâm*.

D'où la Kabbale infère que le jour de la création du nom d'Adam est aussi le jour de la création du nom d'Abraham.

Comme Adam allait rompre « l'Alliance » parce qu'il ne pouvait supporter le vin de la connaissance des mystères, il était prévu au jour même de sa création qu'il appartiendrait à Abraham de rétablir cette Alliance. « Avant même de t'avoir formé dans le ventre, Je te connaissais » lit-on dans *Jérémie* (I : 5).

Le jour de la création du nom d'Abraham remonte ainsi, pour les kabbalistes, au premier jour de la Création du monde. Car selon la Tradition, si chaque élément de la Création a été mis en place au jour qui lui a été assigné, tous les éléments dans leur ensemble ont été créés dès le premier jour.

On sait aussi que le lieu de la sépulture d'Adam est le même que le lieu de la sépulture d'Abraham. Adam, Abraham, ainsi que les deux autres Patriarches, Isaac et Jacob, reposent, chacun avec leur femme, dans le caveau de Makpêla à Kiryath-Arba (Hebron).

La Tradition rapporte que lorsque Abraham découvrit un jour le caveau de Makpêla, il aperçut une lumière, et le visage d'Adam lui apparut.

« Ce n'est qu'après l'arrivée d'Abraham dans la caverne, dit le Zohar, qu'Adam et Ève trouvèrent le repos. Tel est le sens de *behîbârâm*, parce que c'est grâce à Abraham qu'Adam et Ève ont été sauvés. » (I:128*b*).

Le lien qui court d'Adam à Abraham débouche évidemment sur l'Alliance privilégiée que YHWH fit avec Jacob. Cette Alliance existait déjà avant la création de l'homme, affirme le Midrach Occulte *(Midrach Ha-Neelam)*.

Le lien entre les Patriarches est symbolisé par les trois branches de la lettre hébraïque *Shine*. Deux barres sont aux deux extrémités de la lettre, la troisième au milieu fait l'union des deux autres.

Cette forme, selon le Zohar (I:224a), fait allusion aux paroles du Livre de l'Exode (XXVI:28) : « La traverse du milieu passera dans l'intérieur des solives, les reliant d'une extrémité à l'autre. » C'est pourquoi Jacob a dit : « Et je reposerai avec mes parents. »

La Bible dit de Jacob : « Et Jacob était un homme *parfait* qui restait sous les *tentes*. » (*Genèse*, XXV:27).

En hébreu, « parfait » se dit *thâm*. Ce mot forme avec l'initiale *Aleph* le mot *Emeth*, « vérité ». – « Tu donnes la vérité *(Emeth)* à Jacob » dit le prophète *Michée* (VII:20).

« Tentes » se dit : *ohâlîm*, anagramme parfaite en hébreu d'*Elohîm*.

Ainsi, Jacob, l'homme parfait, vivait « sous les tentes », c'est-à-dire « avec Elohîm ».

En Haute Kabbale, le « Degré de Jacob » est appelé *Thâm*, où il figure la « Colonne centrale ».

Jacob donnera naissance aux douze tribus. Joseph, le fils bien-aimé, incarnera « l'image même du mystère de l'Alliance ».

Autre anomalie significative, le nom de Joseph est écrit *exceptionnellement* avec un *Hé* inattendu à l'intérieur, dans le verset des *Psaumes* (LXXXI:6) que la lecture kabbalistique rend ainsi : « Son Nom est dans le témoignage de Joseph. »

Et effectivement, écrit de cette manière insolite, le nom de Joseph comporte trois lettres du Tétragramme Sacré (YHW). « Son Nom » se trouve bien dans le témoignage de Joseph.

ET SI ABEL ÉTAIT L'ÂME DE CAIN ?

> *La mort d'Abel devrait nous étonner.*
> Rabbi Mena'hem Recanati
> (vers 1300).

> *C'est dans* la Flûte Enchantée *de Mozart, à l'ouverture du dernier acte, que le chœur des prêtres, à l'intérieur de la pyramide, chante un hymne de grâces à Isis et à Osiris. Et l'exaltation du couple sur le Sentier de Lumière illustre peut-être, non seulement le bien-fondé kabbalistique de l'éveil de la féminité chez la femme, mais aussi l'éveil de la féminité chez l'homme, car Pamina, sur un autre plan, n'est-elle pas aussi « l'âme » de Tamino ?*

Avec la tragédie d'Abel, ce n'est pas le frère de Caïn, C'EST A LA FOIS L'INTRUS ET LA FEMME QU'ON ASSASSINE.

Dans le texte en hébreu, quatre mots suffisent pour évoquer la naissance d'Abel. Il y en a onze pour la naissance de Caïn.

Abel se dit en hébreu HEVEL.

Hevel signifie : « vapeur », « buée ».

Mais la signification profonde de HEVEL dépasse de beaucoup la plus simple traduction littérale.

Parce qu'il fut pasteur de menu bétail, les détectives amateurs (style Dhorme) font d'Abel le symbole de la vie pastorale « originellement opposée » à la vie agricole.

A la lumière de la Kabbale, on découvre qu'Abel diffère de Caïn pour des raisons de *principes*.

La différence entre les deux frères est dans les Principes – masculin et féminin – ou plus précisément, dans leur dosage. Il y a trop de masculin chez Caïn, trop de féminin chez Abel.

Ce que Caïn ne savait pas, c'est que la création ne subsiste que par la complémentarité des deux Principes, mâle et femelle. Sans Abel, Caïn n'est plus rien. Après le meurtre, Caïn va survivre, certes – mais comme privé d'âme.

Ailleurs, sur la route de Thèbes, c'est OEdipe OU le Sphinx.

Ici, c'est Abel ET Caïn.

*
* *

Il suffit de confronter la graphie hébraïque du nom de QAYIN (Caïn) avec celle de HEVEL (Abel) pour apprécier le contraste.

HEVEL
Lamed - Beith - Hé
⬅

QAYIN
Noun - Yod - Qof
⬅

Qâyîn dégaine l'épée de son *Qof*, dresse le *Yod* de son sexe, délivre le spermatozoïde de son *Noun* final.

Hevel présente au contraire ses ouvertures féminines avant de déployer les ailes de son *Lamed*, la plus haute lettre de l'alphabet sacré.

Qâyîn est un *îsch* – un mâle. *Qânîthî* ISCH *äth-YHWH*, dit l'Écriture en jouant sur le nom de Qâyîn et le verbe *qânâh* (= acquérir) : « J'ai acquis un HOMME avec YHWH ».

Qâyîn s'écrit avec un *Yod* central, la lettre mâle de *îsch*, la lettre initiale aussi du Tétragramme Sacré – YHWH – sans Qui Qâyîn n'aurait pu être « acquis ».

Hevel s'écrit avec l'initiale *Hé*, la lettre femelle par excellence.

Hevel ne possède pas de *Yod* ni de *Waw*. Par contre, Hevel possède la lettre féminine *Hé* du Tétragramme Sacré.

Hevel possède en lui au plus haut degré le Principe Féminin, étant donné que la seconde lettre de son nom est également une lettre grande ouverte – le *Beith* –, cette lettre par laquelle commence la Thorah et qui la contient toute.

Le Principe Féminin est en tout homme, comme le Principe Masculin est en toute femme. Cependant, le Principe Féminin est aussi dominant en Hevel que le Principe Masculin est dominant en Qâyîn.

> DANS LE TRAVAIL HERMÉ-TIQUE, UNE MATIÈRE TUE L'AUTRE ET S'EMPARE DE SA « VERTU ». L'ALCHIMISTE DIT QUE C'EST PAR ENVIE DE SA « VERTU AURIFIQUE » QUE CAÏN A TUÉ ABEL.

LA CIRCONCISION

> *Et mon alliance sera dans votre chair une alliance perpétuelle.*
> Genèse, XVII:13.

Ce que l'apôtre Paul a totalement éludé, le génial V. Rozanov l'a saisi d'emblée. Il écrit dans son ouvrage intitulé *Esseulement* :

« Les liens entre le sexe et Dieu sont plus étroits qu'entre l'intelligence et Dieu, et même qu'entre la conscience et Dieu[1] ».

Certes, le « ton » de Rozanov est à l'image de son génie. Il voit clairement que l'homme, créé à la ressemblance et à l'intelligence de Dieu, est orienté à la fois vers l'extérieur et vers l'intérieur. Mais ce qu'il observe, et qui le frappe, c'est que l'ordre de l'*Être* ayant été révélé aux Sémites, « pour l'endroit où se trouve sa source et le caractère essentiellement religieux de cette source, c'est là ce qu'exprime la circoncision, dont le sceau est appliqué précisément à notre *Être* personnel et universel ».

Ainsi, par l'organisation religieuse du sexe, Dieu est étroitement relié au lieu de la circoncision. Rozanov peut dire que, de ce fait, « le théisme se sexualisait et que le sexe se théitisait » :

« Il se formait ainsi un double miroir de contemplations, d'où ne pouvait jamais s'évader le Sémite. Toute pensée concernant le sexe éveillait la pensée de Dieu, perdait aussitôt cette sensualité cruelle que nous connaissons si

---

1. V. Rozanov, *l'Apocalypse de Notre Temps*, précédé de *Esseulement*, Plon, Paris, 1930, p. 114. — Cet écrivain chrétien, honni tant des révolutionnaires soviétiques que de ses propres coreligionnaires, proposa entre autres, dans la première décade du siècle, les titres et les thèmes de l'« Étranger », du « Malentendu » et de « La Peste ».

bien, et, sans se nier, se dissolvait dans la sensation du divin ("C'est ici que le Seigneur s'est emparé de moi")...

...Pour tout dire, intérieurement, le Judaïsme est une ligue sexuelle, une société sexo-religieuse, une tribu fondée sur le sang, de frères réels, de sœurs, de fiancées, de pères et de mères... Chez nous, le sexe est ma propriété privée[2]. »

Nous le voyons, avec Rozanov, nous sommes loin de l'organisation *ecclésiale* du sexe. Lorsque saint Paul confirme sa méconnaissance de la « théitisation » du sexe dans sa *Première Épître aux Corinthiens* par cette phrase fameuse : « *La circoncision n'est rien...* » (VII:19), la suite de son discours est dénuée d'intérêt puisqu'il ne cesse de se méprendre sur l'intention de la circoncision.

En outre, et contrairement au génie de ses ancêtres, saint Paul ne soupçonne même pas un instant, en dehors de toute spéculation dialectique, que la circoncision hébraïque au huitième jour puisse avoir des répercussions sur le psychisme du nouveau-né. Placé on ne peut mieux au sein d'une communauté singulière, il ne discerne pas les modifications inévitables que provoque dans le mécanisme sensoriel et sensitif du jeune Hébreu cette sorte de commotion qui ébranle tout l'être. Sur ce plan, Paul ne distingue rien, ne constate rien, ne s'interroge pas.

L'affaire est pourtant exemplaire :

– d'une part, l'Hébreu se différencie de façon spectaculaire de l'animal supérieur par cette opération délibérée sur son propre sexe ;

– d'autre part, l'Hébreu attend huit jours après la naissance pour que la sainteté d'un Shabbath soit passée sur le nouveau-né.

De toute façon, et quel que soit le sentiment de l'observateur du dehors, il est indéniable qu'un changement fantastique de la sensibilité se produit ici au tout début de son développement[3].

Par la circoncision, la coordination normale des réactions de l'organisme aux variations des milieux extérieur et

---

2. Rozanov, *op. cit.*, Introduction, pp. 36-37.
3. La circoncision tardive – à treize ans – en Islam ne peut présenter les mêmes caractères que la précoce circoncision hébraïque. Les conséquences en sont nécessairement différentes.

CIRCONCISION

Zoth bérithi acher tichmerou béni oubénékhèm ouben zara'kha ah'arékha himol lakhèm kol zakhar :

Ouben chemonath yamim yimol lakhèm kol zakhar lédorothékhem.

Béréchith, XVII - 10 - 12
Lèkh - lekha

Voici le pacte que vous observerez qui est [*le «signe vivant» de l'alliance*] *- entre moi et vous jusqu'à l'ultime postérité :* « *vous circoncirez tout mâle d'entre vous, à l'âge de 8 jours.* »

Genèse - Chapitre XVII

_ THÈME DE LA CIRCONCISION.

Allegretto

Bé_rou_ou_khim a_thè_èm qé_hal é_mou_nay ou_ba_roukh___ ha_ba bé_chè_èm a_do_na_ay ou_ba_rou_oukh ha_ba__a bé_chèm a_do_nay yé_lèd ha_you_la_ad yi_hiéh bé_si_man tob yig_da_al vé_yi_hi_èh ké_mo ga_an ra_tob ya_a' lèh vé_yats_li_ah' yi_na_tsè_el mi_qa_to_ob a_mèn ken ya_a'_sé__èh a__a_do_nay.

N.B. Le chabat précédant une circoncision, le H'AZAN chante le YÉYÉ-CHÉMÈH, du Qadich et le NAQDICHAH' de la Qédouchah sur ce même air.

intérieur se trouve bouleversée. Mais de cela, l'apôtre Paul n'en a guère conscience. Il n'a absolument aucune idée des prolongements physiologiques de la circoncision, et par voie de conséquence, des retombées psychologiques, aussi bien chez l'enfant que chez l'adulte. Comment Paul, dans ces conditions, aurait-il pu imaginer que le retentissement de « l'alliance » en affecte même jusqu'à la femme dans le couple ? Et sans vouloir entrer dans des détails qui seraient ici hors de propos, comment Paul, a fortiori, aurait-il pu pressentir la possibilité d'innovations dans l'organisation ou le trajet des fibres nerveuses ? La pratique plusieurs fois séculaire de la circoncision ne susciterait-elle pas héréditairement des modifications des conditions d'adaptation du système nerveux cérébro-spinal ou autonome ?

D'ailleurs, ce qui surprend le plus chez saint Paul, c'est la dichotomie qu'il institue – en deçà même de tout ésotérisme – entre la chair et l'âme. La parenthèse est d'une importance capitale, tant du point de vue de l'Hébraïsme (nous pourrions ajouter : donc, du Judéo-Christianisme) que de celui de la Kabbale.

Il est surprenant que même à notre époque un homme de science doublé d'un penseur aussi préoccupé de l'essentiel que Wilhelm Reich, soit passé lui aussi à côté du véritable problème de la circoncision, dont il n'a retenu finalement que la douleur causée chez l'enfant par l'incision sans anesthésie. Tout emporté par sa dénonciation de la « peste émotionnelle » chez l'homme, Reich commet une incroyable bévue lorsqu'il écrit : « La règle de la circoncision, une des croyances les plus sacrées des Juifs, prouve nettement que les organes génitaux étaient considérés comme la source du mal[4]. »

Tout se passe pour Reich comme si l'organisation religieuse du sexe n'était plus qu'une « mutilation » vengeresse. Quoique les fondements du substitut diffèrent, cette « mutilation » renvoie indirectement à la « castration » freudienne.

Dans son essai sur *Moïse et le Monothéisme*, Freud ne présente-t-il pas la circoncision comme un substitut

4. Wilhelm Reich, *le Meurtre du Christ*, Champ Libre, Paris, 1971. p. 150.

symbolique de la castration que le père primitif et omnipotent avait jadis infligée à ses fils ?

Le choix des termes employés – mutilation, castration – est éloquent. Toutefois, la « mort du père » et la source génitale du « mal » ne sont en rien comparables. Pour justifier un tel rapprochement, il faudrait pour le moins opérer un audacieux transfert de qualité, et consentir en particulier à ne voir exclusivement dans le père primitif que le possesseur de toutes les femmes dont les fils seraient frustrés.

Quelle que soit la valeur que l'on estime devoir assigner aux « référents » de leurs analyses respectives, Freud et Reich versent en fin de compte à égalité davantage dans la littérature psychanalytique qu'ils ne contribuent à l'élucidation sérieuse du problème de la circoncision.

LA VIRGINITÉ

> *Et toutes les petites filles qui sont vierges, vous les laisserez vivre et vous les réserverez pour vous.*
> Nombres, XXXI:18.

On lit dans le *Zohar* :
— L'homme qui n'est pas marié est un incomplet, un infirme aux yeux du Roi, et la sainteté du Roi s'éloigne de lui.

Un autre passage du *Zohar* est tout aussi explicite :
— Le mot *homme* exclut celui qui n'est pas marié. Son offrande est sans valeur. Les bénédictions ne sont pas assez répandues sur lui, attendu qu'il ne compte pas pour un homme. Et la *Shekhinah* ne se pose pas sur lui, parce qu'il est incomplet, et porte le nom d'*infirme*.

Il est symptomatique de retrouver dans la littérature alchimique des formulations identiques, telle cette clef du moine Basile Valentin, qui appartient à ses *Douze Clefs de la Philosophie*[1]. Le bénédictin d'Erfurt écrit à propos de la phase du Grand Œuvre appelée « conjonction » :

— L'homme sans la femme est regardé comme un corps séparé en deux, et la femme sans l'homme, semblablement, tient lieu d'un demi-corps ; car chacun, en particulier, ne peut produire de soi aucun fruit. Mais lorsqu'ils vivent unis par le lien conjugal, le corps est parfait et l'accroissement peut résulter de leur semence.

Bien sûr, tous ces commentaires, kabbalistiques ou alchimiques, sont justifiés en fait par la Bible.

---
1. Basile Valentin, *les Douze Clefs de la Philosophie*, Éditions de Minuit, Paris, 1956, p. 153. Traduction et Introduction par Eugène Canseliet.

Nul n'ignore, en traduction littérale, ces deux versets du livre de la Genèse :

1. Il n'est pas bon que l'homme soit seul. Il faut que Je (c'est YHWH-Elohîm qui parle) lui fasse une aide qui lui soit assortie. (II,18).
2. C'est pourquoi l'homme quitte son père et sa mère et s'unit à sa femme, et ils deviennent une seule chair. (II,24).

Et toujours dans le sens « simple » de la lecture biblique, le livre du Deutéronome va bien plus loin, puisqu'il stipule :

– Si un homme vient de prendre femme, il n'ira pas à l'armée, et on ne viendra pas chez lui l'importuner. Il restera un an chez lui, quitte de toute affaire, pour réjouir la femme qu'il a prise. (XXIV,5).

Il ne faut jamais perdre de vue que l'union sexuelle doit être envisagée à son plus haut niveau, pour en finir particulièrement avec l'« exil » de la Reine et faciliter l'Unité vraie.

Rabbi Na'hman de Bratzlaw, d'heureuse mémoire, dit ceci :

– En vérité, toute expérimentation de l'Unité et de la Sainteté divines dépend de l'union entre l'homme et la femme, car la signification dernière de cet acte est sublime.

C'est sans doute pourquoi, le lecteur s'en doutera, les kabbalistes butent en général, dans le Nouveau Testament, sur la *Première Épître aux Corinthiens* de saint Paul.

Que dit, qu'affirme saint Paul ?

– Celui qui marie sa fille fait bien, et celui qui ne la marie pas fait mieux. (7,38).

C'est évidemment là tout le problème des moniales aux vœux solennels qui se trouve posé. Le problème de l'amour mystique selon le Christianisme, de l'ascétisme – du monastère au désert. C'est aussi, finalement, le problème de la virginité féminine par rapport aux critères d'une société sexualisée.

Toujours est-il que l'importance accordée à la virginité, même en milieu foncièrement laïque, n'est pas nécessairement un sous-produit du Christianisme. Ce n'est certainement pas en tant que chrétien que Luc Dietrich écrivait : « Pourquoi donner de la valeur à la virginité ? »

C'est pourtant Salomon, dans son Cantique, qui donne de la valeur à ce qu'il appelle le jardin fermé, la source close, la fontaine scellée.

L'idée de virginité au sein du Christianisme est une chose, et l'opposition du paulinisme aux données traditionnelles hébraïques en est une autre.

Si, comme le dit Rabbi Na'hman de Bratzlaw, toute expérimentation de l'Unité et de la Sainteté divines dépend de l'union entre l'homme et la femme, alors celui qui marie sa fille ferait *mieux*, traditionnellement parlant, que celui qui ne la marie pas.

Kabbale et paulinisme paraissent plutôt difficiles à concilier.

Il est vrai que les fondements mêmes de la Thorah – en particulier le sens mystique de la chair – divergent autant des bases du paulinisme, que le *Cantique des cantiques* diffère de l'*Épître aux Romains*.

Cependant, il n'est pas certain, même pour des familiers de l'Écriture, que ce type d'opposition apparaisse avec netteté. Il est peut-être singulier qu'il n'y ait pas d'êtres plus représentatifs de la Thorah et du Nouveau Testament que Salomon, d'une part, malgré la disgrâce dont il pâtit dans le judaïsme traditionnel pour avoir laissé « entraîner son cœur » à la suite de dieux abominables, et Saül de Tarse, malgré qu'il en ait et qu'il ne soit pas évangéliste.

En effet, on ne saurait guère trouver deux personnages plus contrastés que Salomon et saint Paul. D'un côté, le roi aux sept noms qui connaît les sept degrés de la Sagesse, l'oriental divinement charnel et mystico-religieux dans toute sa gloire. De l'autre, l'apôtre Paul aux prises avec le « corps du péché », et qui s'éloignera d'autant plus des données traditionnelles qu'il éludera les fondements sensuels de la Thorah.

D'un côté, donc, avec Salomon, le soleil du sexe qui illumine la transcendance. De l'autre, l'ascétisme acosmique, – voire métacosmique, par volonté de « spiritualisation ».

EXERCICE DE LECTURE KABBALISTIQUE SIMPLIFIÉE DU LIVRE D'ISRAËL

ALLIANCE DU FEU. Qui a créé cela, le Tout, le Feu, les Eaux et la Terre.
Il n'y avait alors aucune chose, hormis le Nom de l'Ancien des jours et sa Sagesse.
Or la terre était tohou, et le Feu sacré couvrait tehom.
Le Trône de feu planait à la surface des eaux par la force du souffle divin.
Le Dieu Vivant façonna le monde par dix paroles.
Il dit : Que la lumière surgisse du Feu sacré.
Il dit : Que les colonnes des cieux se figent dans la fluidité et forment barrière.
Il dit : Que les eaux se réunissent sous le Trône de feu, Lieu Divin de l'Unité.
Il dit : Que la terre produise le feu du Daleth.
Il dit : Que des corps lumineux apparaissent et servent de paroles.
Il dit : Que les eaux fourmillent d'êtres vivants.
Il dit : Que la terre de vie produise une âme de vie.
Il dit à la terre : Faisons l'homme à notre image, à notre intelligence.
Il dit aussi : Croissez et multipliez. Et enfin : Je vous donne toute herbe portant graine.
Puis le Dieu Vivant sanctifia le Temps.
Telles sont les origines du ciel et de la terre, lorsque le nom d'Abraham fut créé.

Or, quand les hommes eurent commencé à se multiplier sur la terre, et que des filles leur naquirent, les fils de l'Elohîm trouvèrent les filles de l'Adam si belles qu'ils les prirent pour femmes.

A cette époque, et même ensuite, les Nefîlîm furent jetés du ciel. Ils s'unirent aux filles de l'Adam.

Les Nefîlîm engendrèrent ainsi les géants Anaqîm.

Les géants Anaqîm souffrirent beaucoup de leur nature double.

Ils cherchèrent un remède dans les plantes, dont certaines les firent mourir.

C'est pourquoi on les appela ensuite du nom de Guérisseurs Refaïm.

Ils se jetèrent finalement dans le grand Océan où ils se noyèrent.

Gravure du XVe siècle

LA PLANÈTE ARQA

Il y a dans la Bible un verset beaucoup plus étonnant, sur le sujet, que les versets de la Genèse, du Deutéronome ou des Psaumes réunis.
Ce verset insolite est rédigé, dans l'Écriture, non en hébreu, mais *en langue chaldaïque*.
Ce verset en chaldaïque se termine pourtant sur un mot *hébreu*.
Ce verset est *numéroté* comme tous les versets bibliques.
Il est numéroté comme le verset qui le précède et le verset qui le suit.
Les versets qui précèdent et suivent ce verset sont tous rédigés en hébreu.
Pourtant, une note des rabbins français qui ont traduit ce verset nous informe que ce « texte chaldéen paraît provenir d'une *note marginale* ».
Une note marginale, incorporée dans la Bible ?
Une note marginale, prise pour un verset, quoique en langue chaldaïque ?
Une note marginale *numérotée !*
Cela paraît bien vite dit.
Et les kabbalistes sont gens minutieux.
Où se trouve donc ce verset insolite en chaldaïque, et que dit-il précisément, tout au moins dans la traduction faite par les membres du Rabbinat français, traduction qui correspond d'ailleurs à celles de toutes les principales Bibles en français ?
Ce verset appartient aux paroles de Jérémie.
Ce verset dit :

« *Vous leur parlerez ainsi : Les dieux qui n'ont créé ni le*

Ciel ni la Terre disparaîtront de la Terre et de dessous ces Cieux[1]. »

Et c'est en cela que ce verset serait insolite ?
Parce qu'il serait rédigé en araméen ?
Voire.
Tout d'abord, il manque un mot dans la traduction : le dernier. Le mot hébreu *Elleh*, « Cela », n'est pas traduit. Il est pourtant d'importance.

Mais surtout, il n'est pas écrit exactement ce que donne cette traduction un peu hâtive à notre goût. La Bible est un texte sacré qu'on ne saurait dénaturer. Ce qui est écrit est écrit, et malheur à qui prend des libertés exégétiques que la Sainte Science réprouve. La Bible permet toutes les audaces, et notre lecture kabbalistique du Livre dit de la Genèse en sera par la suite la preuve irrécusable, mais il n'est pas permis de modifier les *données* du Livre sacré. C'est à partir de ces *données* immuables que commence toute exégèse rigoureuse. La Loi est la Loi.

Il faut donc se reporter à l'original chaldéen.
Et l'original chaldéen dit :
« Les *Elâhayâ* (Elohîm) qui n'ont créé ni *dî-Chemayâ* (le Ciel) *we'Arqâ* (et Arqâ) seront exterminés de *Area* (Terre)... »

On remarquera immédiatement qu'il y a deux mots qui se ressemblent : *ARQA* et *AREA*.

– ARQA est le nom chaldaïque, d'une AUTRE « Terre ». Il s'écrit avec un *Qôf*.
– AREA est le nom chaldaïque de NOTRE TERRE. Il s'écrit avec un *Ayînn*.

On ne peut donc pas traduire : « Les Elohîm qui n'ont point fait le Ciel ni la *Terre* seront exterminés de la *Terre*... » mais : « Les Elohîm qui n'ont point fait le Ciel ni *ARQA* seront exterminés de *AREA*. »

La traduction littérale du verset donne donc :
« *Vous leur parlerez ainsi : Les Elohîm qui n'ont point fait le Ciel ni Arqâ seront exterminés de la Terre et périront sous le Ciel. Cela.* »

1. *Jérémie*, X:11.

Et voici posé en quatre lettres par le verset de Jérémie le mystère d'Arqâ.

Le mystère de l'existence d'Arqâ.

Car Arqâ existe.

Arqâ est une planète.

Une planète habitée.

Une planète habitée, selon le Zohar, puisque l'un de ses habitants a eu autrefois un entretien sur la Terre avec Rabbi Yossé, un témoin prestigieux et peu suspect.

Un entretien *en hébreu*.

Nous pensons que le lecteur sera intéressé par le récit zoharique de cet entretien. C'est pourquoi nous le transcrivons à continuation :

« Ils (Rabbi Yossé et Rabbi Hiyâ) allèrent donc s'asseoir devant la fissure d'un rocher d'où ils virent sortir un homme. Les voyageurs furent saisis d'étonnement.

Rabbi Yossé dit à cet homme :

– Qui es-tu ?

Celui-ci répondit :

– Je suis un des habitants d'Arqâ.

Rabbi Yossé lui demanda :

– Y a-t-il donc des hommes sur Arqâ ?

L'autre répondit :

– Oui, les habitants d'Arqâ sèment et moissonnent. Mais la plupart d'entre eux ont des visages différents du mien[2]. Je suis sorti de ce rocher quand je vous ai aperçus, pour savoir de vous le nom de la terre sur laquelle vous habitez.

Rabbi Yossé lui répondit :

– Le nom de notre terre est *Erets* (Terre, en hébreu), parce que c'est ici sur notre terre que réside la vie, ainsi qu'il est écrit : "La Terre *(Erets)* d'où le pain naît[3]." Le pain ne naît que de notre terre, mais d'aucune autre.

---

2. D'après le *Zohar 'Hadasch,* édition de Venise, fol. 13, col. 4, on lit une variante d'après laquelle la réponse de l'homme était la suivante : « *Les habitants d'Arqâ ont deux têtes chacun.* » Les commentateurs affirment avoir trouvé la même leçon dans plusieurs manuscrits du Zohar.
3. *Job,* XXVIII:5.

> Aussitôt que Rabbi Yossé eut cessé de parler, l'habitant d'Arqâ disparut dans la fissure du rocher. »

Le mystère d'Arqâ n'est pas évoqué seulement dans cet entretien.

Un autre passage du Zohar, qui se trouve cette fois-ci au tout début du premier livre[4] situe sur Arqâ la résidence des petits-fils de Caïn.

> « Après avoir été chassé de la Terre, Caïn descendit à Arqâ, où il engendra des enfants. Caïn se trouva soudainement sur Arqâ, sans savoir par qui il y avait été transporté. »

Voilà qui ne laisse pas d'être troublant. Expulsé « de dessus la face de la Terre » après son ignoble comportement, Caïn aurait été finalement « transporté » sur une autre planète, peut-être par les « frères » des *Nefîlîm* qui « tomberont du ciel » non seulement une fois mais « même après ». Jugé indigne de la Terre, le fils d'Adam fut « récupéré » ailleurs, laissant ainsi bien malgré lui à Cheth son frère, le troisième fils d'Adam né pour remplacer Abel assassiné, la responsabilité d'une postérité terrestre à la mesure qualitative d'En Haut.

Arqâ est-elle aussi une planète de souffrance ?

Selon le Zohar, c'est à l'époque une « terre de guerre », donc une terre à la mesure de Caïn.

> « Arqâ est formée de deux parties, dont l'une est constamment inondée de lumière, et l'autre toujours plongée dans les ténèbres. Il y a là deux chefs, dont l'un règne sur la partie éclairée, et l'autre sur la partie privée de lumière. Ces deux chefs étaient constamment en guerre l'un contre l'autre. »

Le Livre des mystères kabbalistiques indique les noms de ces deux chefs. Il s'agirait d'Afrira et de Qastimon. C'est d'eux que descendraient les « anges pervertis ».

Si l'on pouvait nourrir des doutes sur la situation exacte de la dernière « terre » d'exil de Caïn, un autre passage du Zohar remettrait vite les choses au point. Car si Arqâ ne désignait effectivement qu'une autre partie de la Terre,

---

4. *Zohar*, I: 9b.

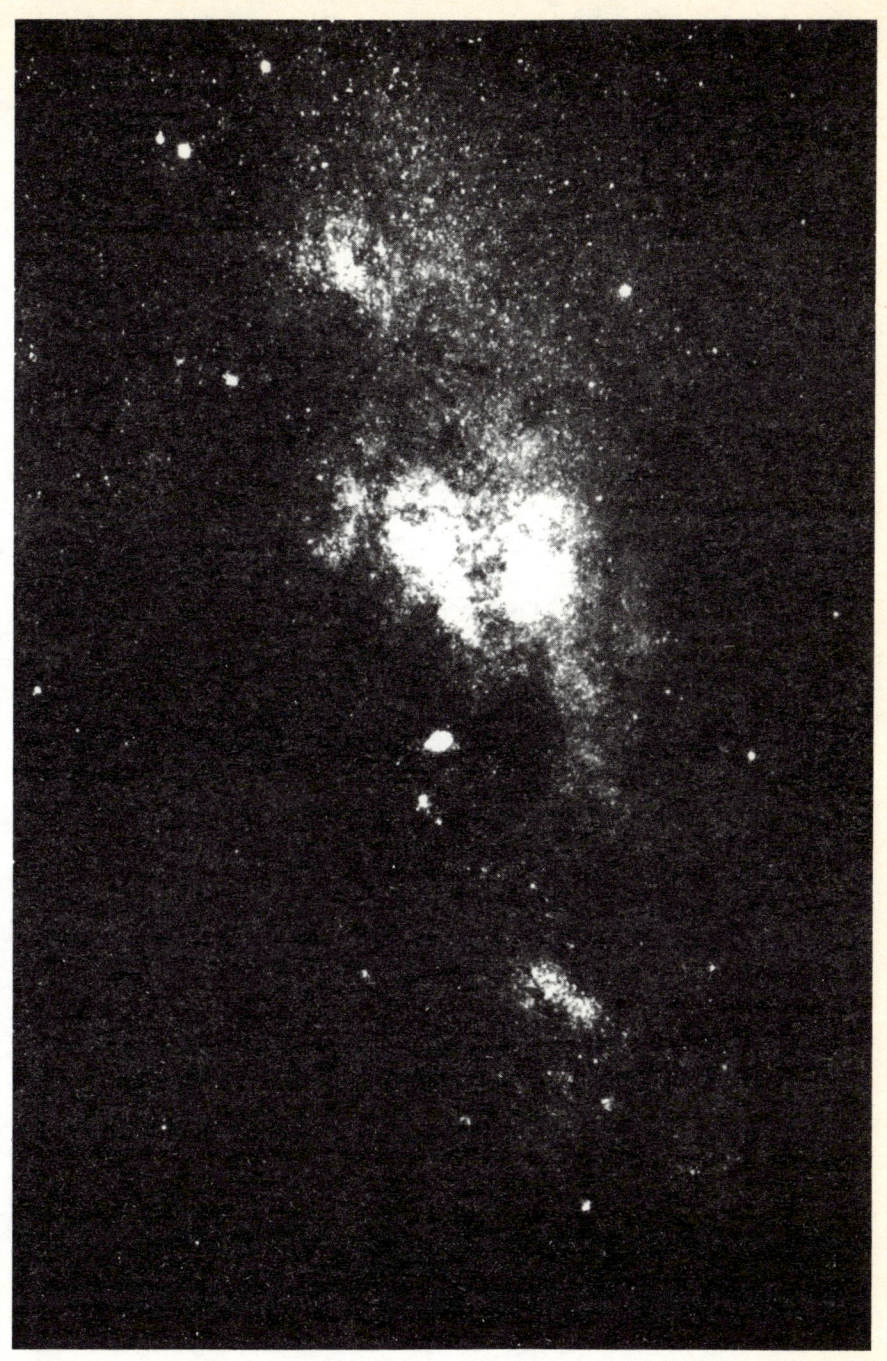

Nébulosités autour de la Licorne *(Observatoire de Paris)*.

même à l'orient d'Eden par exemple, il n'y aurait en fin de compte qu'un nouveau changement de latitude, avec des caractéristiques que nous connaissons bien. Il nous serait relativement facile, après coup, d'identifier le pays. Or, le Zohar apporte des précisions étonnantes :

> « Vue de l'Arqâ, la disposition des constellations est différente de celle que nous apercevons de notre Terre.
> Les saisons des semailles et des récoltes y sont également différentes des nôtres. Elles ne s'y renouvellent qu'au bout d'un nombre considérable d'années et de siècles. »

Un changement d'hémisphère pourrait à la rigueur expliquer bien des choses, mais une saison des semailles et des récoltes qui dure plusieurs années ou plusieurs siècles, cela ne se voit assurément pas sur notre planète. De mémoire de paysan, on ne connaît pas de « saison ininterrompue », ni à l'ouest ni à l'orient d'Eden, qui aurait contraint plusieurs générations à assumer le relais d'une même récolte.

LE GOLEM

> GOLEM n.m. (mot hébreu). Masse informe, corps brut. // Tes yeux voyaient mon Golem (*Gôlmi raou eynè'khâ*, Psaumes, 139:16).

La tradition hébraïque concernant le Golem ne laisse pas d'être fantastique. Elle s'enracine dans les pratiques du patriarche Abraham et englobe le prophète Jérémie et son fils qui parviennent, après trois ans de méditations du *Sefer Yetsirah*, à créer un Golem doué de parole.

La légende court de Bohême en Lituanie. Elle relate la fabrication d'une créature en argile, selon un rite kabbalistique approprié. Prières et jeûnes précèdent la sélection de l'argile, sur laquelle est prononcé le *Chem Hamephorasch*, le Nom Ineffable et redoutable, connu des seuls initiés. Il est alors procédé à une marche circulaire, accompagnée de la récitation des deux cent vingt et une formes d'alphabet secret. On inscrit sur le front de la créature les trois lettres hébraïques *Aleph*, *Mem* et *Thaw*, qui forment le mot *Emeth* (Vérité). La croissance du Golem surprend par sa rapidité, et sa force brute peut contraindre le kabbaliste à détruire sa création, soit en effectuant une marche circulaire à l'envers avec récitation par la fin de l'alphabet secret, soit en effaçant la lettre *Aleph* du front, en ne laissant subsister que les deux autres lettres *Mem* et *Thaw*, qui signifient *mort* (il est mort).

Par sa puissance aveugle, le Golem provoque toujours des catastrophes. Sa fin est généralement maléfique. Lorsque son créateur tente d'effacer la lettre *Aleph* du front, la créature l'écrase mortellement de toute sa masse. Rabbi

Ismaël ben Elisha et ses disciples s'enfoncent dans la terre jusqu'au ventre, à la suite d'une marche à l'envers de destruction. Ils ne devront leur salut qu'à une reprise désespérée de la récitation « dans l'ordre » de l'alphabet.

La synagogue Alt-Neu de Prague.

Seul Rabbi Loew, à Prague, un soir de Chabbath, connaît un sort plus enviable. Ayant oublié cette fois-là de « neutraliser » son Golem bien dévoué, comme il en avait l'habitude avant chaque Chabbath, le Maître entonnait déjà à la synagogue *Alt-Neu*[1] le *Mîzmôr Chîr Leyôm HaChabbâth*, quand on l'interrompit brusquement pour lui annoncer que sa créature, prise de fureur, semait la panique en ville, bousculant tout sur son passage. Rabbi Loew s'élança dans les rues du ghetto et rattrapa le Golem qu'il parvint à neutraliser. Il revint chanter une seconde fois le psaume du Chabbath avec la communauté, pratique qui se perpétua depuis à Prague, en souvenir de cette péripétie. Rabbi Loew enterra les restes de son Golem sous les combles de la synagogue ; ils s'y trouvent toujours. Un seul rabbin de Prague osa depuis, après un jeûne prolongé, gravir les marches qui mènent au Golem détruit, et quand il en redescendit, il interdit à jamais à quiconque de tenter de s'en approcher.

Rabbi Loew est statufié en plein cœur de Prague, ce qui est assez singulier pour un rabbi. Le socle est orné d'une inscription en hébreu. Le Maître fut l'ami personnel de l'érudit empereur Rodolphe II de Habsbourg, à qui il rendait de fréquentes visites nocturnes au palais Hradčany.

※
※※

– *Tradition Hébraïque* : TALMUD, PSEUDO-SA'ADYA, ELAZAR DE WORMS, A. ABOULAFIA.
– *Littérature* : ACHIM VON ARNIM, GRIMM, HOFFMANN, 'HAYIM BLOCH, MEYRINK.
– *Divers, Apocryphes* : Y. ROSENBERG, K. MULLER, H.L. HELD, B. ROSENFELD.

1. Alt-Neu : Déformation phonétique de l'hébreu *al-tnay* (« à la condition », « sous réserve »). + Les kabbalistes enseignent que les pierres de fondement de la synagogue Alt-Neu de Prague proviennent de Jérusalem. Elles furent transportées *à la condition* que cette synagogue ne devrait jamais être abandonnée, lorsque viendrait la fin de l'exil et le retour du peuple d'Israël à Sion. D'où l'appellation de synagogue *Al-Tnay*, la synagogue « *sous réserve* ».

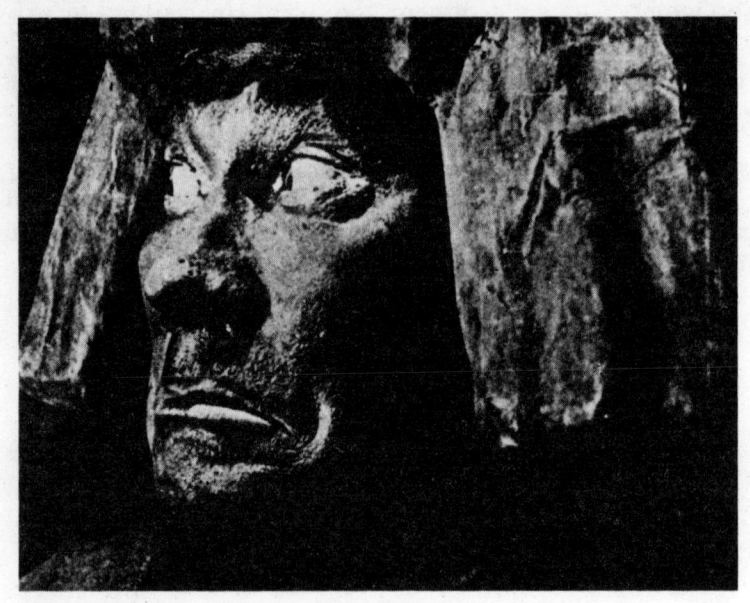

Le Golem *(Extrait du film de Paul Wegener, Le Golem, 1920).*

A CHACUN SON MYTHE

La plasticité du mythe du Golem lui réserve une place singulière dans la tradition hébraïque. Il en va du Golem comme de la Kabbale qui préside à sa création : le terme même prête souvent à confusion. Il est obscurci par la littérature et les glossaires de fortune, et bien des hébraïsants en renom le dénaturent en toute ingénuité. D'ignorance en paraphrases, le mythe débouche presque toujours sur la caricature.

A chacun son Golem, au mépris de toute validité de la substance mythique. Certains n'hésitent pas à oblitérer définitivement la structure secrète du signe, par l'introduction de théraphim dans la topographie de l'opacité. C'est ainsi que l'écrivain Victor Cherbuliez rédige en 1877 cette brève notice pour le *Dictionnaire de la langue française* de Paul-Émile Littré : « GOLEM – *Dans le Moyen Age, figure d'argile que l'on consultait ; elle portait inscrit au front le mot vérité en caractères hébraïques ; si elle mentait, le mot s'effaçait, et il ne restait plus qu'une argile informe.* » Contrairement au vocable de la figure consultée, les mots du dictionnaire, hélas ! ne s'effacent pas.

A l'encontre de bien des récits légendaires, et qu'on le considère tant du point de vue de la géographie que de l'histoire ou de l'ethnie, le mythe du Golem n'est guère évolutif. Le périmètre qui lui est assigné est restreint, avec une préférence marquée pour la vieille ville de Prague. L'action se déroule généralement au XVIe siècle, à l'ombre du Hradčany où le Rabbi créateur du Golem a ses entrées, parce qu'il y règne un empereur initié, que d'aucuns disent même converti secrètement au judaïsme par le Maharal. Quant à l'ethnie, elle est purement hébreue, puisque le

Golem sème la terreur chez les antisémites et vivifie l'espoir du peuple d'Israël.

Rodolphe II de Habsbourg. Converti secrètement au Judaïsme par le Maharal ?

C'est en particulier sur ces données du mythe vulgaire que le cinéaste Paul Wegener a construit son film *Der Golem* en 1920[1]. Cette œuvre singulière de l'expressionnisme cinématographique allemand, appréciée des cinéphiles compétents, jouit dans sa catégorie de la même estime que le roman de Gustav Meyrink dans la littérature fantastique. Le Golem y apparaît comme un Messie avant la lettre, à la fois vengeur et libérateur d'Israël. Il est vrai que le mythe change totalement de sens chez Meyrink, si ses aspects géographiques, historiques et ethniques demeurent comparables. Or, paradoxalement, on peut discerner le mythe popularisé du Golem dans une œuvre cinématographique en principe étrangère au sujet.

1. La première version de *Der Golem*, réalisée par Wegener en 1914, et qu'il jugea imparfaite, a été détruite dès sa sortie par son auteur.

Cette fois, l'action se situe dans quelque Far West aux antipodes de l'Europe orientale, à une époque assez indéterminée, et impliquant une ethnie persécutée de type nettement amérindien. Il s'agit de la réalisation du cinéaste chilien Alexandro Jodorowsky intitulée *El Topo* (1971). El

Topo, c'est à la fois le vengeur des victimes d'un pogrom et le libérateur des emmurés d'une grotte-ghetto. Si la libération tourne court, c'est qu'El Topo est un Messie qui arrive trop tard. Il s'immolera comme le Golem de Jérémie se détruit volontairement, en exigeant du prophète qu'il efface la lettre *Aleph* de son front. Et c'est le propre fils d'El Topo qui reprendra « la spirale ascendante ».

LE SECRET DU GOLEM

> « *Et ceci est le signe du voyant : convertissant, il a fait tout le formé et toutes les paroles, Nom Un, et signe de la parole : vingt-deux éléments dans un seul corps.* »
> (*Sefer Yetsirah*, II:6.)

Au jour septième, dit une légende du ghetto de Prague, un certain rayonnement était perceptible sur le visage du Golem. Il n'y a pas lieu de croire que la plasticité du mythe autoriserait ici une fantaisie sans conséquence. Bien au contraire. Variées peuvent être les interprétations de ce qui apparaît comme une composante d'un savoir non-laïcisé. Sans préjuger de l'excellence des exégèses « littérales », il s'avérerait souhaitable de penser le témoignage sans « transitions », en instituant des rapports plus « directs » entre l'énoncé et la transcription. Ainsi, selon nous, l'évocation d'un rayonnement perceptible sur le visage du Golem, reviendrait à suggérer, à un certain niveau, qu'on peut parvenir à l'extase-de-soi sans participer de la Grande Conscience.

Mais le secret du Golem s'enracine ailleurs. Il nous incite à nous pencher d'abord sur les mystères de sa fabrication. Les kabbalistes, sans qui le mythe du Golem serait proprement inconcevable, admettent le plus souvent qu'un tel secret résiderait dans le court Traité de la Formation, le *Sefer Yetsirah*.

Ce qui donne du poids à l'assertion, c'est que les lettres hébraïques et le Nom caché du Graveur suprême interviennent dans la création du Golem. Or, le *Sefer Yetsirah* est une

grammaire kabbalistique qui traite des lettres de l'alphabet hébreu, comme *éléments*, non d'un simple alphabet, mais de la Création. Éléments de la Création, qui pourraient être entendus au sens du *stoïkheïon* grec, n'était la restriction concernant le sens premier du mot, dont Platon aurait étendu métaphoriquement le signe, ou le son, au sens physique. Donc, lettres-éléments, qui accréditeraient la thèse du kabbaliste provençal Isaac l'Aveugle, à savoir que la « cause » des lettres serait bien le « Nom unique ».

De façon succincte, la tentative de fabrication d'un Golem est comparable à la création de l'Homme selon la Thôrâh. Adonaï Elohîm façonne l'Homme, *Adam*, qu'il prend du sol, *Adamah*, et le fabricant du Golem pétrit sa créature d'argile. D'un côté, Adonaï Elohîm fait pénétrer dans les narines de l'homme *nichmâth 'hayîm*, un souffle de vie ; de l'autre, le kabbaliste utilise les lettres de fondement qui ont servi à la Création. Adonaï Elohîm crée l'Homme pour qu'il témoigne de la Gloire de l'Ancien des jours ; le kabbaliste fabrique le Golem pour exalter la puissance du Tétragramme.

*
* *

Le mot, en kabbale, est substance *dans le monde supérieur, substance identique à celle de la lumière, selon Ya'akov Cohen.*

*Tout mouvement du langage s'enracine dans l'*awir qadmôn*, « l'éther primordial », qui est « l'indifférente identité ».*

Pour le kabbaliste, chaque lettre hébraïque de fondement est un « concentré » d'énergie divine.

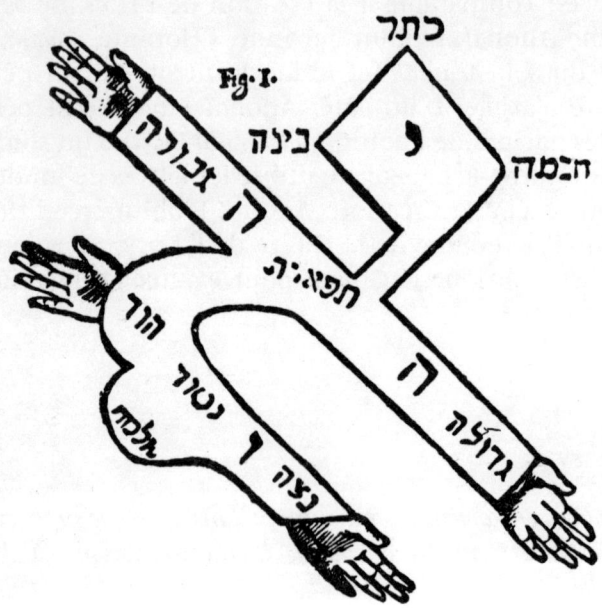

Idéogramme kabbalistique de la lettre ALEPH.

L'ATTITUDE MAGIQUE

> *Toute vue des choses qui n'est pas étrange est fausse.*

Il est de toute évidence que la pensée occidentale n'aborde jamais sans « préventions » quelque aspect que ce soit du monde de l'*avoir*. Il conviendrait toutefois de ne pas tenir « logiquement » ou intuitivement en suspicion l'attitude magique, et d'éviter de compromettre l'approche de la « gnose » hébraïque, en souscrivant à une distinction a priori entre la Kabbale spéculative et la Kabbale pratique.

Il apparaît dérisoire de fonder une méthode « historique » à ce niveau, en esquissant partialement la silhouette d'une théorie bicéphale. La Kabbale ne peut être traitée que dans son unité. L'opposition fictive des deux tendances n'est guère plus soutenable, à partir de la signification triple du *Dâvâr* et à la lumière des grands exemples thoraïques (Joseph, Moïse, Balaam...), que l'association de fait de la « piété intérieure » à la magie d'infériorité.

Le premier souci du kabbaliste devrait être de refuser l'isolement de l'aspect externe (qui relèverait précisément de l'ordre magique) d'une des tendances, en procédant à l'élaboration d'une véritable *métacritique du « magisme » de la Kabbale pratique*.

Le plus embarrassant, pour les contempteurs de la Kabbale de l'action, c'est que le discrédit jeté sur l'aspect externe-magique comporte contradictoirement tout à la fois une accusation de naïveté du « thaumaturge » (le *meqqoubâl ma'assi* serait non sans aisance la victime d'une illusion par manque total d'esprit critique), et d'efficacité redoutable des outils, sinon des procédés (on ne conteste pas totalement la positivité de la Kabbale ma'assith, mais à défaut de « coïncidence », on attribue toute manifestation tangible du pouvoir démiurgique à la connaissance élargie – bien surprenante chez un naïf dépourvu de tout esprit critique – du principe scientifique de causalité).

En outre, malgré la matérialité de leurs réalisations, on ne peut dénier aux adeptes de la Kabbale pratique un raffinement de spiritualité, entretenue par des rites ascétiques poussés, des méditations de l'Écriture et des techniques d'extase « inconsciemment-consciente ». Mais en marge de ces considérations, et pour ne nous en tenir ici qu'à la puissance « magique » de l'outil, il n'est pas indifférent de relever, indépendamment de toute initiation traditionnelle et quelle que soit la psychologie de l'« officiant », ce qu'il y a d'actif dans le noumène d'un objet réputé taciturne, mais aux propriétés incontestablement allotropiques.

LOGOS ET DAVAR

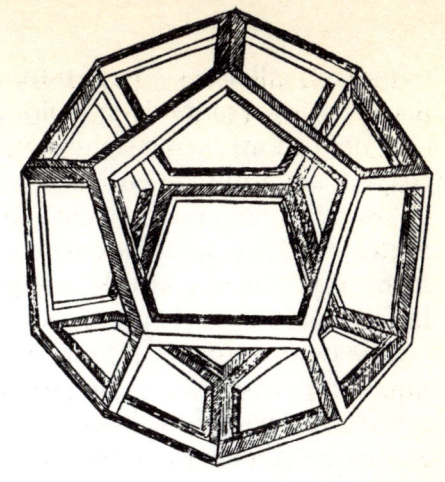

Assigner à la connaissance un itinéraire technologique est pratique courante chez les philosophes naïfs. On ne parie pas à longueur de siècles pour les Grecs et contre Berkeley, sans qu'il ne se relâche de rigueur dans les mécanismes de la pensée, jusqu'à la consommation, quelque jour, de la rupture entre la chose et la parole.

D'ailleurs, choisir les Grecs sans *penser grec* est inconséquent. Quel cartésien a jamais appris à penser comme les présocratiques ? Monod, malgré qu'il en ait, pense-t-il comme *pensait* Démocrite ? Paradoxalement, Berkeley trahissait en l'occurrence de bien meilleures dispositions, ce qui ne l'empêcha pas d'offusquer l'Occident en affirmant que les idées générales et abstraites ne sont jamais que des idées particulières.

Connaissance pour laïcisation, et à titre d'illustration, le mythe du Golem est plus *vrai* que le mythe scientifique du hasard. Hypostasier une assomption en principe métaphysique est un abus de pensée aussi pernicieux que de substituer la notion de hasard à celle de *possibilité*. Dès l'an mille, Ibn Gabirol précisait déjà que la *äfchârûth*, la possibilité d'être, se changeait en nécessité. Mais pour l'entendre, le savant occidental n'a pas appris à penser, sinon hébreu, du moins à l'écart des systématiques régionales.

Que serait-il advenu de l'Occident, s'il avait joué le *Dâvâr* hébraïque contre un *Logos* défini étrangement par Heidegger, après deux millénaires et demi de confusion, comme

« Pose recueillante » ? Déjà traumatisée par l'impossibilité de recourir au cadre de la logique bivalente pour l'expression des processus microphysiques, la pensée occidentale se trouve aujourd'hui en proie à la déréliction devant l'apparition des systèmes non cartésiens, la découverte du nombre radiant, les logiques de l'antagonisme, les effets de forme ou l'état décalaire dans les modèles cosmogoniques, à la frontière du local et du global.

Si la déconvenue est moins brutale pour le métalogicien que pour le savant, elle est par contre franchement inexistante pour le kabbaliste qui possède un *organon* de traitement à tendance unitaire, destiné à faciliter le passage d'indices injonctifs pour des options-limites au *Dâvâr* triple-et-un.

L'unification démocritéenne n'est pas l'unification hébraïque, tant s'en faut, et il n'est point fortuit que des rencontres pluridisciplinaires d'universités, qui délèguent aussi bien des mathématiciens que des physiciens, des chimistes que des grammairiens, des biologistes que des épistémologues, justifient désormais le recours à des théories dites « traditionnelles », dans l'espoir d'appréhender la transcendance « existentiale », qui pourrait bien n'être qu'un duplicata de la *Ma'hshâvâh Tehôrâh*, la Pensée Pure dont parle le *Sefer Ha-Bahir*, ou de la *Râtsôn HaMa'hshâvâh*, la Volonté de l'Idée Primordiale d'Azriel.

POSSIBILITÉ
ET
NÉCESSITÉ

Dans le domaine de la pensée spéculative, la Kabbale est tout le contraire de la philosophie naïve. Ainsi, la notion pseudo-philosophique – et pseudo-scientifique – de hasard lui est totalement étrangère. Mieux, le mot hasard n'existe pas dans le vocabulaire hébreu. Il est incompréhensible pour un kabbaliste.

Le mot français hasard vient de l'arabe *az-zahr*, qui signifie « jeu de dés ». Or, en hébreu, le « jeu de hasard » se dit le *mis'hâq-mazzâl*, c'est-à-dire, non pas le jeu de hasard tel qu'il résulterait d'un coup de dé imprévisible, mais *mis'hâq-mazzâl*, mot à mot, le jeu régi par la constellation.

Or, la planète n'erre pas au hasard, contrairement d'ailleurs à son étymologie. « Planète » vient du grec *planêtès*, qui veut dire « errant », et la planète n'est pas plus errante que l'atome (du grec *atomos*, qui veut dire : insécable) n'est lui aussi insécable !

Donc, la planète suit sa course prévisible, elle influence tel lieu ou tel être selon des modalités précises. Pour l'hébreu, le jeu de la constellation n'est pas le jeu du hasard, mais le jeu du destin. Faute de vocabulaire imaginable, on a donné au « hasard » le nom de *miqreh*, qui est en fait l'événement ou le cas considéré. On est loin de la notion infantile de hasard telle qu'elle est avancée par le biologiste à propos des mutations de séquence d'ADN minoritaires.

« Ce sont les sots, dit Rabbi Haghi, ceux qui ignorent la Sagesse et qui ne la méditent pas, qui prétendent que le monde est soumis au hasard. » Et Rabbi Yits'haq cite le

verset d'Isaïe : « C'est moi, dit le Seigneur, qui annonce les choses futures dès le commencement, et longtemps d'avance ce qui n'est pas encore accompli. »

Point de hasard, mais les expressions de la Gloire Divine sont voilées. Car le monde n'est stable que dans le secret, dit la Kabbale. Et il faut tenir secrète la leçon, dit Isaïe. Mais si cacher la parole est la gloire du Seigneur, approfondir la parole est la gloire des rois, dit Salomon.

D'ailleurs, enseigne la Kabbale, avec la venue des temps messianiques, les secrets seront levés. Rabbi Siméon dit : « Quand approchera l'époque messianique, même les petits enfants connaîtront les mystères de la Sagesse. Ils sauront tout ce qui doit arriver à la fin des jours, grâce à des calculs. Et à cette époque, nos mystères seront divulgués à tout le monde. »

← Atlas portant le globe terrestre. Gravure de Martin de Vos *(Photo B.N.).*

UN CAS ASYMPTOTIQUE DE MYTHOLOGISATION

Problématiques sont l'intention et le contenu de la philosophie. Cette intention est le plus souvent assimilée au fait, et le contenu est d'une mouvance qui ne pouvait que séduire les Grecs, gens dépourvus de « *lest* » et épris de nouveauté « *pour la nouveauté* », selon le jugement porté par leur compatriote Jamblique.

C'est d'ailleurs cette confusion déraisonnable intention-fait et ce contenu polychrome qui interdisent franchement de parler de *la* philosophie. Encore convient-il de préciser dès l'abord si l'on pose le problème de la philosophie en termes de savoir absolu, de propédeutique « logique » pour l'exercice de la sagesse ou de catharsis intellectuelle, et surtout si l'on ne s'en tient qu'à la philosophie « occidentale », qui englobe aussi bien Platon que Berkeley, Kant que Nietzsche.

Définir la philosophie, c'est à quoi s'ingénie chaque philosophe, et tout « système » prétend énoncer une définition particulière, au vocabulaire presque nécessairement personnel. Cela va de la conception d'une formulation en toute rigueur des principes logiques qui régissent les théories scientifiques, à la réduction à une égologie solipsiste tributaire de la structure noético-noématique de la « conscience ».

Mais toute querelle de vocabulaire mise à part, la philosophie peut-elle être entendue plus légèrement comme une activité qui serait de façon paradoxale spécialisée dans le général ? Ou avec moins d'égards, comme ce fut le cas au Moyen Age, comme une activité ancillaire ?

Il n'est point fortuit que le mot « philosophie » soit à vrai dire inintelligible en hébreu. Faute de mieux, on le traduit en hébreu moderne par « *philosophiah* », et quant à la *sophia* elle-même, la « sagesse », le mot *'Hô'khmah* prend de toute évidence une saveur mystique dans la bouche d'un kabbaliste.

Aussi, lorsqu'un Monod récupère l'expression désuète « *philosophie naturelle* » pour sous-titrer un essai[1] qui dégénère d'ailleurs abusivement en *philosophia moralis*, nous devons à sa seule qualité de biologiste la conviction que nous n'aurons pas davantage affaire à une « physique », qui fut si longtemps caractérisée par cette dénomination de *philosophia naturalis*, qu'à un succédané de la *Naturphilosophie* de l'idéalisme romantique allemand.

Car le scientifique s'empêtre dès les premiers pas dans une discipline qui lui échappe, non seulement parce qu'elle n'est pas rigoureusement définie, et que nous avons la preuve lexicale d'une ignorance technique en la systématique régionale, mais surtout parce que, comme le soulignait Berkeley dans le *De Motu*, « *les causes réelles échappent à la science* ». *La science ne pense pas*, dit à sa manière Heidegger[2]. Et « *tant qu'on demeure dans le cadre de la* philosophie naturelle, *quel que soit le mot qu'on emploie, on ne fait que ramener des faits particuliers à des règles générales obtenues par inférence* »[3].

---

1. Jacques Monod, *le Hasard et la Nécessité*, « *Essai sur la philosophie naturelle de la biologie moderne* ». (Le Seuil, Paris, 1970).
2. Martin Heidegger, *Essais et Conférences*, « Que veut dire "penser" ? », (Gallimard, Paris, 1958).
3. André-Louis Leroy, *George Berkeley* (P.U.F., Paris, 1959).

LE MYTHE DU HASARD

Hasard et nécessité : le type même du faux problème. En disciple douteux de Démocrite, le biologiste-philosophe forge ce qu'il croit être un couplage exemplaire d'antonymes, qui justifierait par sa concision, et de façon spectaculaire, les fondements d'une philosophie naturelle de la biologie moderne.

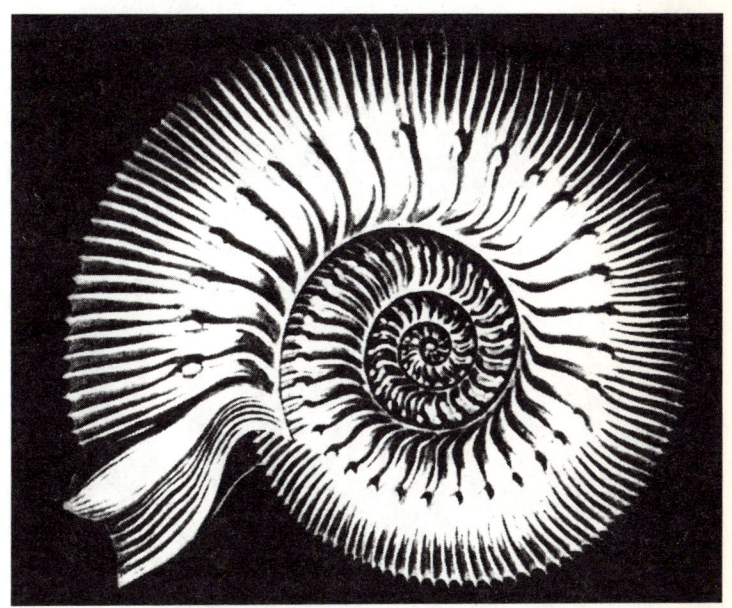

1. Spirale logarithmique d'une ammonite.

Voilà qui peut satisfaire à première vue le scientiste ingénu ou l'esprit pseudo-philosophique, plus soucieux d'assurance dans le sacrifice idolâtrique (il n'est pas de plus étonnante idole que la science) que de réflexion épistémologique. Mais avant même d'éprouver le mécanisme mytho-

2. Coupe schématique d'un cerveau humain.

logisant d'une pensée suspecte, et vocabulaire pour vocabulaire, au-delà ou en deçà de toute logique, avant toute évaluation des faits considérés dans l'ordre du vivant, et parfaitement comparables, du point de vue de l'épistémologie, aux états de cohérence de la physique, il est saisissant d'observer que la pensée occidentale forge des oppositions manichéennes d'autant plus gratuites, que les notions supposées antithétiques de hasard et de nécessité ne sont pas du même genre. Il n'y a pas de problème du hasard et de la nécessité, *parce que le hasard n'est pas du même genre que la nécessité*. Comme Monod, nous évoquons pour l'instant le « hasard » au sens vulgaire du terme, celui qu'il qualifie, de manière désinvolte, de « seul hasard » ou de « hasard pur ». Le vrai problème, justement en fonction du genre, est *possibilité et nécessité*.

La notion mythique de hasard se fonde sur l'impossibilité de *prévoir*. Ce sont les défauts de notre entendement, de notre perception, et *« pas du tout du réel »* dit Spinoza, qui nous font considérer les choses comme *« contingentes »*. Ce n'est que par rapport à *un manque de connaissance* qu'une chose est dite contingente et *a fortiori* « au hasard ».

A supposer qu'il existerait des séries causales individuelles et isolables, des faits *rationnellement* indépendants les uns des autres, et qu'une chose échapperait à toute détermination téléologique, il n'est dû qu'à un caprice (ou un abus) de la pensée de fixer des normes de déroulement.

Qu'il y ait une petitesse ou une complexité des causes est une chose. Mais délimiter arbitrairement des classes et s'y référer ensuite d'un point de vue formel, ou même pratique, sans incriminer les déficiences d'un connaître assomptif, c'est organiser à peu de frais l'insertion du mythe, de manière foncièrement déréistique, dans toute opposition ou simple contraste avec l'ordre reconnu stable.

Lorsqu'il affirme que la séquence des amino-acides dans un polypeptide est « au hasard », Monod opère une confusion philosophique des genres par méconnaissance d'un terme trouble, dépouillé depuis longtemps par le *sensus communis* de sa véritable acception aristotélicienne (accidentel-intentionnel), et qu'il n'a pas défini au préalable. Il ne met pas un instant en cause la complétude bivalente d'un système aléatoire, quand il se prend à constater que toute structure primaire de protéine est « *le pur produit d'un choix fait au hasard, à chaque chaînon* ».

Le savant reconnaît pourtant qu'il n'y a pu avoir de synthétisation au hasard de la séquence actuelle, puisque ce même ordre est reproduit, pratiquement sans erreur, dans toutes les molécules de la protéine considérée. Il convient d'ailleurs que s'il n'en était pas ainsi, il y aurait impossibilité de fait d'établir par l'analyse chimique la séquence d'une population de molécules.

Mais le mythe du hasard est si envoûtant, que le biologiste institue cette facticité comme source de toute création dans la biosphère. Il s'appuie pour cela sur les altérations accidentelles discrètes que peut subir une séquence de polynucléotides dans la double fibre de l'ADN. Et comme cette forme de connaissance n'est radicalement pas neutre du point de vue de la philosophie, Monod en arrive à écrire : « *Si même le principe d'incertitude devait un jour être abandonné, il n'en demeurerait pas moins qu'entre le déterminisme, fût-il entier, d'une mutation de séquence dans l'ADN, et celui de ses effets fonctionnels au niveau des interactions de la protéine, on ne pourrait encore voir qu'une "coïncidence absolue".* »

Quoi d'étonnant alors à ce que la biosphère puisse apparaître, aux yeux du biologiste-philosophe, comme le produit d'un événement unique, et que la plume de l'essayiste prenne le risque d'une phrase aussi stupéfiante : « *Notre numéro est sorti au jeu de Monte-Carlo.* » « *D'où vient*, ajoute Monod, que *nous éprouvions l'étrangeté de notre condition.* » Paraphrase du psalmiste qui clamait, à trois millénaires de distance : *Guer anô'khi va'arets*, « *Je suis étranger sur la terre* » (*Psaumes*, CXIX:19). Mais pour David, « notre numéro » était sorti d'une Main couronnée, selon une certaine image et une certaine intelligence.

L'ORDRE DU VIVANT

L'adhésion dogmatique du biologiste à la vision de la « *coïncidence absolue* » met entre parenthèses, peut-être par omission, ou ce qui serait plus grave, par volonté d'éluder, les états d'ordre dits « métastables » de certains systèmes physiques. Kastler nous donne des exemples[1] de relations *déterminées* et *permanentes* entre les phases des ondes représentatives des corpuscules.

En dehors de l'état d'ordre engendré dans la cristallisation des liquides par diminution d'entropie, il y a en particulier deux phénomènes, qui apparaissent à très basse température, et qui mettent en relief un état « cohérent » de la matière : la supraconductibilité électrique des métaux et alliages, marquée par le comportement des électrons qui se groupent en paires de Cooper à caractère de boson, et régies par une même fonction d'onde avec mise en phase, et l'état superfluide de l'hélium liquide, l'hélium II (au-dessous de 2,19° K), qui correspond à un état d'ordre des atomes d'hélium dans l'espace des phases, c'est-à-dire à la fois dans l'espace ordinaire, et dans l'espace du vecteur « *quantité de mouvement* ».

Le comportement « quantique » des molécules à basse température diffère radicalement du mouvement désordonné de l'agitation thermique. Quant aux systèmes à structure dissipative (Prigogine), ils sont également producteurs d'ordre mais aussi de chaleur. Les amplifications de lumière, ou de micro-ondes électromagnétiques, par émissions stimulées de radiations (lasers ou masers), rappellent suffisamment, mais cette fois à température pour ainsi dire ambiante, le « fonctionnement » d'un être vivant, pour ne

1. Alfred Kastler, *Cette étrange matière* (Stock, Paris, 1976).

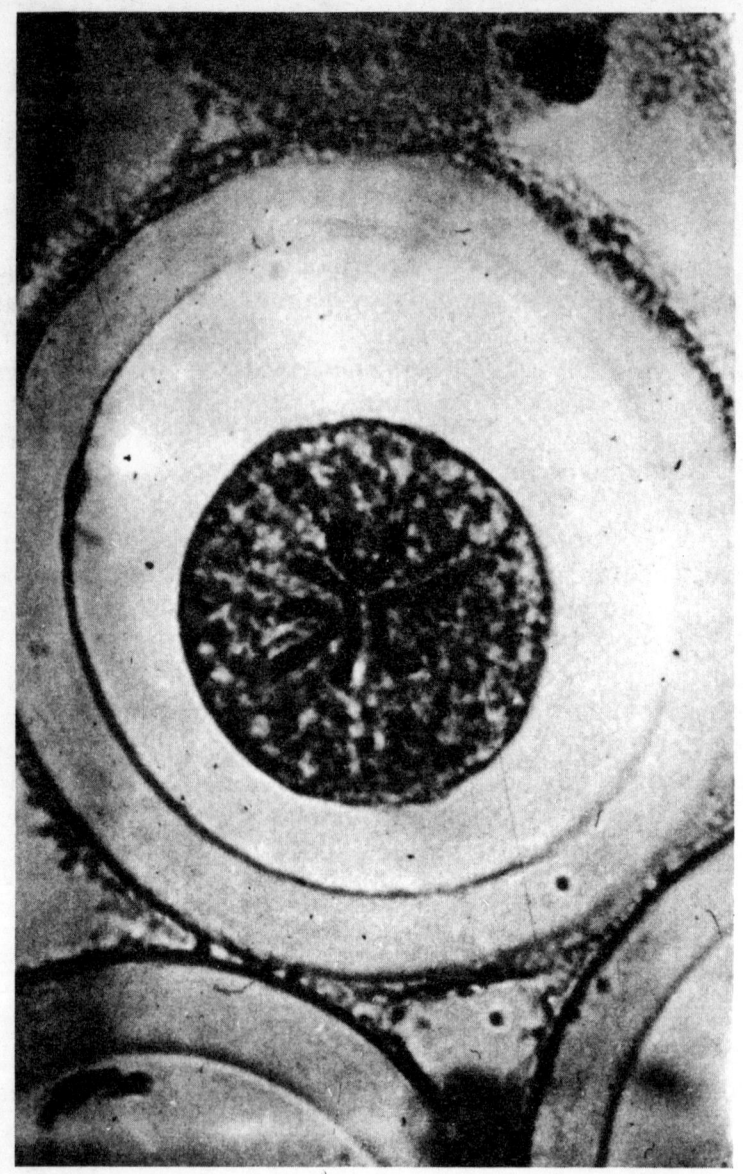

Chromosomes dans le noyau d'une cellule vivante. *(Photo A. Bayard.)*

pas mériter l'attention du spécialiste de biologie moléculaire. Mais le biologiste ne soupçonne pas qu'il puisse y avoir quelque rapport entre l'ordre du vivant et l'état d'ordre de la physique.

Par excès de mythologisation, le biologiste ne se pose même pas la question de savoir de quel milieu « environnant » provient la néguentropie qui tient en respect l'accroissement du désordre, et rend finalement possible la manifestation de la vie. Toute remise en ordre par l'entropie négative implique une série d'interrogations décisives. N'est-elle pas symptomatique de la suprématie du biologique ? Car de quelque manière que l'on considère le bilan entropique total, l'ordre du vivant est plus fort que le deuxième principe de la thermodynamique.

Moïse par Raymond Moretti

1850 : *Clausius* énonce le *deuxième principe de la thermodynamique* en introduisant dans le *principe de Carnot* la notion d'entropie.
− 1225 : *Moïse* énonce le *troisième principe de la thermodynamique* par la proclamation de *l'ordre du vivant.* Antérieur aux principes de l'*équivalence* et de *Carnot,* le troisième principe exalte la suprématie de la néguentropie.

DEUX MYTHES MÉTOPAGES

Le mythe naïf de l'évolutionnisme, qui distingue superficiellement dans la biosphère une performance à partir de la séduisante structure cellulaire de la bactérie, se trouve pour ainsi dire « tautologisé » par le mythe du hasard. Il est vrai qu'aucun de ces deux mythes métopages ne présente un quelconque label de qualité rigoureusement scientifique ou philosophique. Leur jonction complice sur la toile de fond du buissonnement institue une fermeture, qui se révèle vite insupportable par l'incessant déplacement de frontières abyssales.

La formation de macromolécules par polymérisation des amino-acides et des nucléotides dans une « soupe prébiotique » imaginaire, implique au départ des conditions ambiantes exceptionnelles, inconnues, et par-là même absolument invérifiables en laboratoire.

Nous ne pouvons pas considérer scientifiquement comme « prouvé » qu'il a existé un moment privilégié de la planète, où des étendues d'eau auraient contenu en solution une profusion de constituants cellulaires.

Nous ne pouvons pas davantage expliquer par quel heureux « coup du sort », lors de l'appauvrissement de la « soupe originelle », le développement du système métabolique a « appris » à mobiliser le potentiel chimique et à synthétiser les constituants essentiels.

Hasard et évolutionnisme sont des mythes qui hypostasient insidieusement le miracle en dogme, qu'il s'agisse aussi bien de l'origine de la vie que de celle du cosmos, ou même du langage, ou encore plus simplement de la formulation du « saut ».

Pour les évolutionnistes, quelque chose (et non

Quelqu'Un, il va de soi, quoique le Hasard fasse finalement office de divinité capricieuse) « joue aux dés », et gagne étrangement sur tous les tableaux.

Dans cette perspective, la régulation de la synthèse des enzymes du système Lactose se présente comme un remarquable miracle téléonomique. L'« hominisation » de l'animal offre de son côté toutes les caractéristiques d'un surprenant changement d'espèce, par goût irrésistible de la « perfection ». La sélection d'un magnifique plumage sanctionne la miraculeuse victoire du « désir »[1]. Le hasard est à l'évolutionnisme ce que les protéines sont à la machine chimique.

Parce que la science « ne pense pas », elle s'accommode à son grand dam de mythes dérisoires, rationnellement inconsistants, ce qui ne laisse pas d'être paradoxal dans des disciplines de l'immédiateté observable, qu'il soit fait référence à une société animale ou à un champ électromagnétique, et l'on saisit d'autant mieux la pesanteur des savants « positivistes » et « utilitaristes », lorsqu'ils se heurtent fortuitement aux frontières de la réalité suprasensible.

Tandis que le récit thôrâïque souligne inlassablement que les animaux de la terre furent créés « *selon leur espèce* » *(leminâh),* le bétail « *selon son espèce* », et tous les reptiles de la terre « *selon leur espèce* », les poissons « *selon leur espèce* » et les oiseaux « *selon leur espèce* »[2], la science officielle occidentale en est encore à proclamer péremptoirement que la rétractation du mufle chez la bête humaine fut consécutive à la libération de nos mains pour saisir et tirer sur le gibier à travers la savane[3].

Pariant sans rigueur aucune pour l'évolutionnisme, et tout en reconnaissant au passage que la capacité crânienne

---

1. Jacques Monod s'inspire ici des travaux de N. Tinbergen, *Social Behavior in Animals* (Methuen, Londres, 1953) :
    « *Il est donc légitime de dire que c'est l'instinct sexuel, c'est-à-dire, après tout, le désir, qui a créé les conditions de sélection de certains magnifiques plumages.* »
2. *Genèse* I.
3. Cf. Robert Ardrey, *African Genesis*, p. 26 de l'édition française *les Enfants de Caïn*, cité par Jean Servier, in *l'Homme et l'Invisible*, (Robert Laffont, Paris, 1964) :
    « *J'aimerais voir*, écrit Jean Servier, *ne serait-ce qu'une fois, un singe dont le mufle s'atrophie peu à peu parce qu'il court dans la savane, j'aimerais voir aussi un singe façonner un outil.* »

des singes anthropoïdes modernes n'a pas varié pendant plusieurs millions d'années, la science officielle imagine pour l'homme une pression de sélection exceptionnelle, fantastique et rapide. Elle affirme sans ciller que le développement de l'intelligence humaine a toujours été fonction de l'augmentation de la capacité crânienne, c'est-à-dire du cerveau, alors que le Parisien mâle d'aujourd'hui, avec ses 1 559 cm³, égale de justesse l'homme de Cro-Magnon (de 1 550 à 1 590 cm³), et que la femme alsacienne contemporaine, avec ses 1 285 cm³, vient loin derrière sa sœur aînée de la Quina (1 367 cm³). L'homme de Neandertal

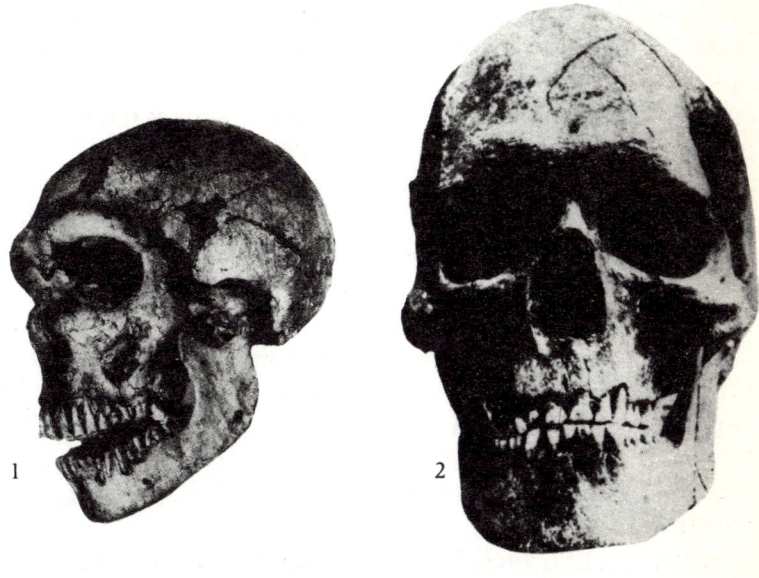

1. L'homme de Neandertal. Capacité crânienne : 1 408 cm³. La Ferrassie I 1 641 cm³, soit 32 cm³ de plus que l'Auvergnat actuel. *(Photo Musée de l'Homme.)*

2. La capacité crânienne de l'homme de Cro-Magnon correspond à peu près à celle du Parisien mâle d'aujourd'hui. (Homo Sapiens Fossilis d'Europe – Race de Cro-Magnon – Dordogne – Aurignacien – Crâne de l'adulte masculin découvert en 1909.) *(Photo Musée de l'Homme.)*

avait une capacité crânienne de 1 408 cm³, celui du Moustier de 1 564 cm³, et l'homme de La Ferrassie atteignait les 1 641 cm³, soit 32 cm³ de plus que l'Auvergnat actuel, le spécimen pourtant le mieux placé parmi les races récemment recensées sur tous les continents[4].

A un moment-charnière d'un passé ténébreux, reconstitué selon le dogme du buissonnement des espèces vivantes, la Nature procède-t-elle à des retouches ? Le monde végétal n'en porte pas témoignage, et la « prodigieuse stabilité » de certaines espèces se vérifie sur des centaines de millions d'années. Nous savons avec certitude que le scorpion n'a souffert d'aucune modification pendant quatre cent millions d'années, que l'huître et l'oursin sont tels qu'aux origines. Les circonvolutions cérébrales offrent les mêmes caractéristiques chez le Sinanthrope que chez l'homme moderne. L'étude de l'encéphale montre qu'il n'y a jamais eu de modification appréciable dans un sens scientifiquement « évolutif ».

Ni évolutionnisme, ni hasard. Même ceux qui voient dans la Sélection naturelle l'autre nom de la Conscience divine, admettent que le « choix » du comportement d'une espèce vivante est tributaire des limites des formes existantes.

Certes, *tout est possible*, si nous reprenons la conclusion de Monod à propos de la régulation par l'intermédiaire d'une protéine allostérique. Il n'y aurait, nous assure-t-on entre autres, aucune relation « *chimiquement nécessaire* » entre le fait que la β-galactosidase hydrolyse les β-galactosides, et le fait que sa biosynthèse soit induite par les mêmes corps.

Mais d'où vient la capacité de « re-connaissance » dans la « gratuité », d'où vient qu'une « tête chercheuse » se porte toujours à la rencontre de l'acide aminé prévu ? D'où viennent, en un mot, les propriétés « stéréospécifiques » des protéines ? D'où vient, de même, dans le cycle de Bethe, que les protons « trouvent » à leur manière les noyaux de carbone, afin de donner naissance, après transmutation libératrice, à l'énergie solistellaire ?

---

4. Cf. les chiffres donnés par le professeur R. Hartweg dans son cours d'anthropologie au Musée de l'Homme, in *l'Homme et l'Invisible*, op. cit.

LA QUÊTE DE L'INEFFABLE

Fondées toutes deux en prophétie, la pensée hébraïque et la pensée islamique ne sont pas sans analogie. On les voit tour à tour se mesurer, ou composer, à des degrés évidemment divers, avec la philosophie spéculative. On a vu aussi se dessiner simultanément, tant en Israël qu'en Islam, un courant religieux spirituel supérieur, de type gnostique. Viscéralement rivé à une déjà longue tradition, Israël était sans doute plus apte à résister aux séductions de l'aristotélisme ou aux rigueurs tout apparentes du raisonnement discursif. Mais le mystique musulman ne peut fermer les yeux sans deviner Allah « *entre ses prunelles et ses paupières* ».

Tourner le dos à la Philosophie ne simplifie pas pour autant les rapports du mystique avec la religion légalitaire. Là où le littéraliste voit encore, malgré sa ferveur indéniable pour la Thôrâh ou le Qorân, des mots usuels ou conventionnels, l'ésotériste décèle « *une intention de l'Ame du monde* » (Jabir Ibn Hayyan).

Ce n'est plus à une philosophie du langage, mais à une véritable mystique de la Parole créatrice que les adeptes nous convient. Mystique des lettres qui est à la grammaire usuelle ce que la science du cœur est à la logique. Algèbre secrète pour la plus haute expérience d'Amour. « *De tout mon cœur, en vérité, de toutes mes forces, je T'aime dans mon mystère et dans ma nudité* », chante Juda Halevi. « *Il y a en moi un tel désir de Toi, que si la pierre le supportait, elle serait fendue comme par le feu* », répond en écho Sumnun l'Amoureux.

Ces fous de Dieu, *mechûga'im* pour les uns ou *majnûn* pour les autres, ne sont pas seulement des exégètes et des physiciens du sacré. Originale et complexe, leur science prétend aussi agir magiquement sur les êtres et les choses, en invoquant le concours des puissances supérieures.

C'est cette partie pratique de leur Sagesse que d'aucuns

ont considérée comme « moyenâgeuse » et aberrante, et c'est en tant que doctrine magique que cette Sagesse a été si souvent combattue.

Lorsqu'elle est qualifiée d'*orientale*, comme dans le Soufisme, cette Sagesse passe quelquefois pour une sorte de philosophème original. Mais lorsqu'elle prend plus précisément le nom de Kabbale, ses détracteurs diluent l'apport mystique dans l'épiphénomène.

Accusés aussi de panthéisme ou d'exaltation, kabbalistes et soufis voient souvent leur grand amour de Dieu imputé à crime par une orthodoxie qui autorise, plus tard, l'insertion de leurs hymnes de ferveur dans les rituels. A la fois penseurs et poètes, les kabbalistes et les soufis atteignent aux cimes de la spiritualité et au plus haut langage dans la joie et la lumière.

Par la connaissance hûrqalyenne du Réel, associée à la connaissance subtile des états du cœur, ils poursuivent leur quête de l'Ineffable, avides de l'Unité non-comparable et non-métaphorique, l'Unité transcendante et pourtant pathétique. Quel contempteur de ces chercheurs de la Face Divine oserait affirmer qu'ils n'apparaîtront pas quelque jour, dans la perspective d'une prodigieuse histoire de la pensée humaine, comme les étoiles de feu d'une universelle Rédemption ?

RESCH   WAW   ALEPH
200   6   1

LA KABBALE DE LA LUMIÈRE

*C'EST PAR TA LUMIÈRE QUE
NOUS VOYONS LA LUMIÈRE*

Faire l'expérience de la Lumière, c'est dans un premier temps connaître un *nom*, lui-même substratum lumineux au plan supérieur. Il y a passage du semblable au semblable par le truchement de l'intellect-réflecteur — réflecteur *de* lumière, et pas seulement *de la* lumière — comme il y a élévation du zéro de l'étant à la Sur-Essentialité. L'appréhension du divin est ainsi connaissance *à* la Lumière, par volonté d'*être* lumière, et non plus seulement « vêtement » golémique d'un substratum, et connaissance de la Lumière, c'est-à-dire, en gnose hébraïque, kabbale de *Or*.

Il n'est sans doute pas de plus beau fleuron de la mystique du langage que la kabbale de la Lumière. Même la kabbale strictement ontologique, malgré qu'elle en ait, met l'accent sur l'enveloppe de lumière qui renferme la conscience d'être.

Nulle métaphysique, nulle poétique ne parviennent à s'immiscer aussi remarquablement, et cela, à partir de la méditation d'un vocable de trois lettres, jusqu'à la source même de la conscience, jusqu'au mystère de l'Être. Car selon la kabbale de *Or*, outre la richesse fulgurante de l'équation, le lien entre lumière et conscience, ou entre lumière et vie, est particulièrement saisissant.

Le mot hébreu *Or* est composé des lettres *Aleph - Waw - Resch*, qui ont respectivement pour valeur numérique 1 - 6 - 200. L'antinomie soulignée par la kabbale ontologique est fondée sur la conjonction *(Waw)* de l'unité in-formatrice et propagatrice *(Aleph)* et de la dualité cosmique *(Resch)*.

Cette conjonction traduit une étonnante Alliance de la Lumière, comme il y a primordialement Alliance du Feu *(Berîth-Esch)* selon le premier mot de la Thôrâh. Alliance « contre nature », serait-on tenté de dire, puisque rien n'est plus contradictoire que le mouvement absolu du *Aleph* et la force d'antitypie de l'univers cosmique qui lui résiste jusqu'à la détermination d'une constante.

Tout cosmos emporté à la vitesse de la lumière subsiste de ce qu'il emprunte au mouvement absolu, à l'extrême limite, maintenue fixe, de son opposition. En revanche, le mouvement absolu du *Aleph* suscite la lumière au prix de sa confrontation avec une finitude perfectible.

Car ce mariage entre deux « contraires » s'avère réellement « parfait » du point de vue de la Révélation thôrâïque, puisque Elohim considère que la lumière est *tôv* – c'est-à-dire « bonne ». *Tôv* s'écrit *Têt* - *Waw* - *Beith*, ce qui correspond numériquement aux valeurs 9 - 6 - 2.

Autrement dit, de même que le *Waw* de *Or* unissait l'unité à la dualité, ainsi le *Waw* de *tôv* unit désormais dans la Création la perfection du *Têt* à la dualité du *Beith*. Parfaite en soi, l'unité dote une dualité cosmique, certes originellement en état de perfectibilité, de la vibration maximale compatible avec sa conservation. L'opposition initiale se trouve finalement sanctionnée par cette conjugaison des parfaits.

KABBALE ET FRANC-MAÇONNERIE

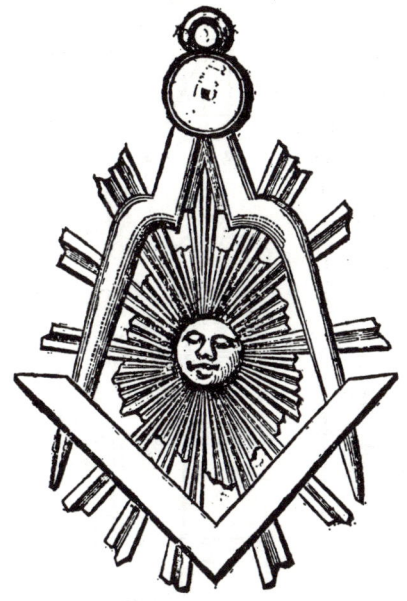

La sève kabbalistique a nourri la Franc-Maçonnerie, comme elle a nourri Israël, le Christianisme et l'Islam.
Dans la lettre adressée au martiniste Jean-Baptiste Willermoz, Meunier de Précourt témoigne en chercheur averti de l'intérêt qu'un Maçon responsable devrait porter à la science de la Kabbale. Il écrit : « *Je ne sais si tu connais un Maçon qui en ait connaissance, c'est un trésor qui peut te donner une très grande et très ample intelligence.* »
Celui qui croit pouvoir comprendre la Franc-Maçonnerie sans se référer à la Kabbale – fût-il porteur du tablier – n'en saura jamais grand-chose.

Aux yeux du kabbaliste, la légende de Maître Hiram ou la qualité des outils de choix n'apparaissent jamais que comme des indices de base. Ces éléments ne font qu'exprimer, surtout à leur niveau pratique, la projection tronquée d'un plus haut symbolisme.

Il y a en effet, avant toute chose, un symbolisme du Temple de Salomon, dont le contenu intrinsèque n'est peut-être pas si évident pour bien des lecteurs de la Bible ou certains adeptes de la Franc-Maçonnerie. Pour ces derniers, il devrait d'ailleurs se poser avec acuité le problème du

symbolisme du Temple Maçonnique, dont il est certainement intéressant de vérifier dans quelle mesure il y a correspondance avec celui du Temple de Salomon.

Le Temple de Salomon est-il *unique* en son genre ? En quoi se différencie-t-il de tout autre Temple ? Et par voie de conséquence, si la Maison du Seigneur est unique en son genre, le Temple du Grand Architecte de l'Univers – à supposer que l'on puisse admettre d'entrée de jeu une telle définition pour le Temple Maçonnique – peut-il lui être comparable ?

Le symbolisme du Temple de Salomon échappe à beaucoup d'esprits, ne serait-ce que par ignorance de la véritable signification des versets hébreux, ou, si l'on préfère, par leur simple lecture au premier degré. Encore faut-il lire le Livre dans la langue originale, et ne pas prendre des synonymes en traduction pour le terme hébreu explicite. Il est vrai que les langues profanes ne facilitent en rien l'exégèse approchée d'un tel texte.

Ainsi, les travaux de Hiram terminés, le roi Salomon convoque tous les enfants d'Israël à Jérusalem. Il fait procéder au transfert de l'Arche d'Alliance dans le Saint des Saints du Temple bâti sur le mont Moriah.

« Il n'y avait dans l'Arche, dit la Bible (*I Rois*, VIII:9), que les deux Tables de pierre que Moïse y déposa près du Mont Horeb. »

Lorsque les prêtres quittent le lieu saint, une nuée descend sur le Temple. Alors Salomon prononce cette phrase d'importance :
« Le Tétragramme Sacré a dit qu'il réside dans la brume. » (*YHWH âmar lîchkôn ba'arâfel, I Rois,* VIII:12).

Au seul énoncé du verset, il semble que la *Résidence* du Tétragramme Sacré soit donc surtout *ba'arâfel*, dans la « brume », et simultanément dans le Temple sur quoi la nuée est descendue. Mais puisque « le ciel et les cieux des cieux » ne sauraient Le contenir, c'est par le truchement de Son Nom que le Tétragramme Sacré rendra Sa Présence effective. *Yîheyeh Chemî châm*, dit la Bible. « Mon Nom y règnera » (*I Rois*, VIII:29).

Le Temple de Salomon n'est donc pas bâti, initialement, avec des pierres intactes de la carrière ou du bois de cèdre. Il est bâti de foi vivante, pour une occupation *réelle* du lieu par le Dieu-dans-la-brume. Il n'est pas concevable d'envisager la construction de ce Temple autrement que dans ce but de manifestation tangible du « Cœur Divin » — *We-lîbî* (*I Rois,* IX:3).

De toute manière, pour l'Hébreu, le « service de l'Éternel » transcende le Temple et les objets qu'il renferme. Il suffit de se reporter aux commentaires traditionnels pour saisir l'approche hébraïque du Règne du Nom.

**

Au douzième degré — *Grand Maître Architecte* — le président prend ce titre. C'est au treizième degré, le *Royal Arche,* selon la dénomination anglaise qui a prévalu, que la Loge prend l'épithète de Royale. Le trente-et-unième degré du *Rite Égyptien (Misraïm)* est aussi appelé *Grande Royale Arche.*

La décoration de la Loge du *Royal-Arche* est ainsi décrite, selon le Tuileur de Vuillaume :

« La Loge se tient, autant qu'il est possible, dans un lieu souterrain et voûté, sans portes ni fenêtres. On y entre par une trappe placée au sommet de la voûte. »

Ce qui surprend d'emblée le kabbaliste, ce sont les noms des architectes qui sont inscrits sur chacune des neuf arches qui supportent la voûte. En voici l'énumération selon le Tuileur :

Jod (Yôd)	— *Principium*
Jhao (Yahô)	— *Existens*
Jah (Yah)	— *Deus fortis*
Eheiah	— *Ero*
Eliah	— *Deus excelsus*
Jaheb (Yahev)	— *Concedens*
Adonaï	— *Dominus*
El-Hhanan (El-'Hanan)	— *Misericors Deus*
Jobel (Yovel)	— *Jubilans*

Il est bien évident que ces « noms d'architectes » sont des

noms attribués à l'Éternel. Comment le frère maçon ne ferait-il pas le rapprochement avec les *sephiroth* de l'Arbre kabbalistique ?

C'est bien ce qu'ont compris les rédacteurs des rituels français modernes, qui n'ont pas hésité à remplacer les noms divins des neuf premiers architectes par les noms usuels des *sephiroth*, déjà considérés par nombre de « spécialistes » comme des attributs de la Divinité.

MARQUES MAÇONNIQUES
utilisées par les
CONFRÉRIES DE CONSTRUCTEURS
selon les époques

1 GRÈCE
2 POMPÉI
3 ROME
4 ROMAN
5 PÉRIODE TRANSITOIRE
6 AGE D'OR DU GOTHIQUE
7 FIN DU GOTHIQUE
8 RENAISSANCE
9 ROCOCO
(d'après la *Bauhütte* de Franz Rziha)

← Symbolisme alchimique-maçonnique

LE CARRÉ ROTAS

La double énigme du carré magique ROTAS est caractérisée à la fois par la singularité de la structure du palindrome et par sa présence toujours insolite sur des objets rares ou des monuments religieux. Le carré ROTAS orne aussi bien une église italienne que le mur d'une grange d'un château charentais datant du XIIe siècle. Il figure curieusement sur une médaille découverte dans les ruines de Pompéi et sur une Bible latine de l'an 822. On le trouve encore sur un manuscrit grec du XIIe siècle ou, quatre siècles plus tard, sur des monnaies autrichiennes.

Cette mystérieuse inscription est appelée « magique » parce que la disposition des lettres sur le pourtour du carré permet de lire ROTAS aussi bien de haut en bas que de bas en haut, de droite à gauche ou de gauche à droite. Articulées sur ces lettres extérieures, d'autres lettres permettent de répéter les mots ainsi obtenus à la fois horizontalement et verticalement.

Le carré magique ROTAS se présente ainsi :

S	A	T	O	R
A	R	E	P	O
T	E	N	E	T
O	P	E	R	A
R	O	T	A	S

On lit donc : SATOR, AREPO, TENET, OPERA, ROTAS dans tous les sens. On remarque immédiatement que seule la lettre centrale (N) ne se retrouve pas dans le carré.

Le kabbaliste ne saurait évidemment s'attarder aux « traductions » plaisantes que d'honorables savants, aussi peu compétents en kabbale qu'en agriculture, ont bien voulu donner du curieux palindrome. En voulant traduire à tout prix le texte mot à mot, on a obtenu de savoureuses interprétations du genre : « Le semeur (Sator) rassemble ici le fruit de son travail », ou encore : « Le laboureur tient ses œuvres en main », « Le semeur est à la charrue, le travail du labour occupe les roues », « Le semeur Arepo dirige les roues soigneusement »... Même si l'on acceptait l'une quelconque de ces « traductions », on ne voit guère ce que cette inscription pourrait signifier sur le mur d'une église ou sur une Bible latine.

Les deux droites TENET forment une croix grecque. Si l'on joint par une droite chaque A à chaque O d'une même ligne, la croix TENET se transforme en croix potencée. Si l'on réunit ensuite par des droites tous les A et tous les O au centre N, on obtient la croix triangulée. En prenant N comme centre d'un cercle de rayon NA ou NO, on obtient la croix pattée des Templiers.

Transposons maintenant le carré magique de mots en un carré magique de chiffres.

Établissons tout d'abord un carré magique du cinquième degré dans l'ordre numérique des chiffres, de la manière suivante :

1	2	3	4	5
6	7	8	9	10
11	12	13	14	15
16	17	18	19	20
21	22	23	24	25

Nous remarquons que les deux colonnes correspondant à la croix TENET donnent la même somme : 65, ainsi que les deux diagonales. Les autres colonnes, verticales ou horizontales, donnent des sommes différentes.

Prenons maintenant un carré magique donnant 65 comme somme horizontale, verticale ou diagonale.

17	23	6	4	15
20	14	10	16	5
9	7	3	24	22
1	13	21	19	11
18	8	25	2	12

Malgré sa relative perfection, ce carré magique doit être éliminé. En effet, si les nombres extérieurs, qui correspondent au mot ROTAS, donnent la somme identique : 65, nous remarquons qu'il n'y a aucune correspondance entre les deux S et les deux R extérieurs de ROTAS, d'une part, et les nombres 17 et 12 ou 18 et 15 qui occupent les mêmes cases, d'autre part (17 + 12 = 29 ; 18 + 15 = 33). Ce carré magique est défectueux. Il est centré sur le chiffre 3.

Considérons maintenant le carré magique suivant, qui donne également 65 comme somme horizontale, verticale ou diagonale.

11	24	7	20	3
4	12	25	8	16
17	5	13	21	9
10	18	1	14	22
23	6	19	2	15

Nous remarquons :
1° que les nombres correspondant aux cases extérieures S

et R de ROTAS donnent la même somme : 26. (11 + 15 = 26 ; 23 + 3 = 26).

2° que toutes les cases prises deux à deux et dont le total donne 26 : 25 + 1, 24 + 2, 22 + 4, 21 + 5, etc. correspondent à deux lettres identiques du carré ROTAS : EE, AA, AA, EE, etc.

Or, 26 = 13 × 2. Et 13 représente N, la case centrale.

La clef kabbalistique du carré ROTAS réside à la fois dans le 13 central, le 26 et le 65.

65 est la somme guématrique d'ADONAI : *Aleph - Daleth - Noun - Yod* : 1 + 4 + 50 + 10 = 65.

26 est la somme guématrique du Tétragramme : *Yod - Hé - Waw - Hé* : 10 + 5 + 6 + 5 = 26.

ADONAI et le Tétragramme sont les deux Noms hébraïques de l'Éternel. Rappelons que Genèse XV:2 nous les donne exceptionnellement côte à côte : « *Adonaï YHWH mahtitén-li* » (*Adonaï YHWH*, que peux-tu me donner...). Le Tétragramme étant imprononçable, on doit donc lire : *Adonaï*, ce qui donne la surprenante répétition orale : **ADONAI ADONAI**.

ה

יא	כד	ז	כ	ג
ד	יב	כה	ח	טז
יז	ג	יג ה	כא	ט
י	יח	א	יד	כב
כג	ו	יט	ב	סו

אדני

ADONAI et YHWH donnent : 65 + 26 = 91 = 10 = 1.

Or, notre carré est centré sur 13, *c'est-à-dire sur l'unité*. (Nous avons déjà vu, en effet, qu'UN se dit en hébreu : E'HAD, dont la somme guématrique est 13.)

La prière hébraïque – le *Chema Israël* – s'énonce ainsi : *Chema Israël YHWH Elohénou Adonaï E'had* (Deutéronome VI:4).

(Écoute, Israël : YHWH (26) notre Dieu, Adonaï (65) est Un (13).)

Les rapports entre 26, 65, 13 et 1 sont inscrits dans le carré ROTAS.

C'est ce que nous remarquons dans le carré ROTAS *hébraïque* qui figure au bas de l'une des compositions hiéroglyphiques réalisées et gravées par T. du Chenteau au château de Schaerbeeck, près de Bruxelles, en 1778[1].

Le *Hé* qui figure au-dessus du carré indique qu'il s'agit d'un carré magique du cinquième degré (*Hé* = 5).

Adonaï, qui figure au-dessous, indique la solution : 65.

Les lettres hébraïques, seules ou accouplées, donnent dans chaque case la valeur numérique correspondante. (Exemple : case *Yod-Aleph*, 10 + 1 = 11 ; case *Khaph-Daleth*, 20 + 4 = 24 ; case *Zaïnn*, 7 ; etc.). Prises deux à deux, les cases dont le total donne 26 correspondent aux lettres identiques du carré ROTAS.

La présence de la lettre G (*ghimel* = 3) dans la case centrale à côté du *Yod* (10) qui détermine le UN de valeur 13 n'est pas l'un des moindres mystères de ce ROTAS hébraïque dont l'articulation kabbalistique justifie les fondements du palindrome traditionnel.

---

1. Cette pièce est mentionnée exceptionnellement dans le catalogue Nourry (1936/1937) comme « presque unique ». Nous reproduisons *in extenso* la notice concernant cette œuvre introuvable.
« TELETES. Auctoribus Tycho Brahé 1582. T. du Chenteau 1775. Autografo Giuseppe Wopaletsky. Torino, 1866. – (Feuille 3) : Carte philosophique et mathématique dédiée à son A. R. Mgr le Duc Charles-Alexandre de Lorraine et de Bar, par son très humble et très obéissant serviteur T. du Chenteau. – Accompagné du Calendrier magique et perpétuel (en partie) de Tycho-Brahé, contenant la contemplation des choses les plus profondes et les plus secrètes *(sic)*, avec la connaissance complète de la Philosophie. Le tout dessiné et gravé dans un nouvel ordre, rectifié et combiné avec les articles du titre suivant par M. T... du Chenteau, mathématicien : *Le Tiroir de toute la Nature*. Harmonie du Macrocosme avec le Microcosme. La Science Cabalistique numérique et théosophique, etc., exécuté en 1778 et *reproduit autographiquement à quelques exemplaires à Turin en 1866 par Giuseppe Wopaletzky*. Album grand in-fol., composé de 1 titre, 7 grandes planches in-plano admirablement dessinées et lithographiées comprenant un grand nombre de figures hermétiques et magiques.

Nous remarquerons enfin pour terminer que le mot ROTAS s'écrit en hébreu :
Resch - Waw - Taw - Samekh
soit numériquement :
200 + 6 + 400 + 60 = 666.

« C'est ici la sagesse. Que celui qui a de l'intelligence calcule le nombre de la bête. Car c'est un nombre d'homme, et son nombre est six cent soixante-six. » (*Apocalypse de Jean*, XIII:18).

LA KABBALE DE L'OR PHILOSOPHAL

I. Notre science vient de la Tête suprême. Elle est un don du Dieu Vivant.
II. La Kabbale de l'OR PHILOSOPHAL exige veille et lecture, relecture, peine et patience. Mais les traités sont divers et difficiles à entendre. Il n'est meilleur traité de l'OR PHILOSOPHAL que la Parole hébraïque. « Cherchez et lisez dans le Livre du Seigneur » dit Amos (XXXIV:16).
III. Élémentaire et sacrée, exacte et naturelle, telle est notre science. C'est par la méditation de la Parole que l'homme saisit le principe de la POUDRE D'OR *(afrôth zâhâv)*, ainsi qu'il est écrit dans le Livre de Job (XXVIII:6). Il y arrive par un chemin que l'oiseau de proie ne connaît pas, que l'œil du vautour ne distingue point. Mais la SAGESSE, où la trouver ?
IV. Le sage voit le travail de la nature et règle l'heure au cadran céleste.
V. La SAGESSE est le nombre du GOLEM, qui est soixante-treize.
VI. Il est écrit dans notre Livre : ALLIANCE DU FEU. C'est notre premier mot *(Berîth-Esch)*. Le Feu est en haut, au point cardinal Nord. Le Nord a été scellé avec Waw-Hé-Yod. C'est pourquoi l'Écriture dit : L'OR vient du Nord (*Job*, XXXVII :22). L'OR vient du Nord, et Eloah demeure couvert d'une redoutable majesté.

Transmutation métallique, *Brescia, 1599.*

VII. Alors que la terre était *tohou* et que le Feu sacré couvrait *tehom*, le Trône de feu planait sur la surface des eaux. Ainsi commença la clarification de la matière.

VIII. Il y eut ensuite séparation entre la lumière et les ténèbres, entre les eaux et les eaux. Puis le Soleil et la Lune réfléchissante rayonnèrent sur la terre.

IX. ROUGE *(adâmâh)* était la terre du jardin d'Eden, et le fleuve qui en sortait se divisait en QUATRE RACHIM.

X. Le premier des *rachîm* est appelé Pîchôn. Il coule tout autour de la TERRE DE 'HAWILAH, où se trouve l'OR. L'or de cette terre est pur, dit l'Écriture. Et là aussi : bdellium et pierre d'onyx *(chôham)*.

XI. Le fleuve est *mé'khîl-kaspîth mé'khîl-zâhâv* quand les QUATRE RACHIM forment l'EVEN-'HA'KHAMIM. On l'appelle aussi BATH-SHABTHAÏ, qui est le PLOMB SACRÉ.

XII. La Kabbale d'Abel-Caïn est contenue dans le théorème de Rabbi Yossé, d'heureuse mémoire. Un monte en haut, d'un côté, un descend en bas, du même côté, un pénètre entre les deux, deux engendrent un troisième, et trois entrent dans un seul. Et Caïn sera marqué d'un SIGNE.

XIII. Premier scolie du théorème de Rabbi Yossé : Un répand des rayons colorés.

XIV. Les jours du MABBOUL DES EAUX sont de quarante, et pour la crue des eaux on compte cent cinquante jours. Au commencement de la décrue, Noé ouvrit la lucarne de l'arche au NOIR corbeau.

XV. L'ÉTOILE DES SAGES brille entre le Daleth et le Hé, qui est la HAMASSAH. Elle s'effectue par OUR NISTAR, qui est le FEU SECRET et non pas le FEU SOMBRE.

XVI. Il y a dix-huit phases de l'ÉTOILE DES SAGES à l'ÉTOILE DE DAVID. Car les phases sont au nombre total de vingt-deux, autant que de lettres hébraïques de fondement. Mais si YHWH ne veille sur sa glorification, il est vain de compter à partir d'Aleph.

XVII. Im-lô thîchmôr la'assôth äth-kôl-dîvréï haThôrâh hazôth hakhethouvîm baséfer hazeh l'îrâh äth-haChem hannî'khbâd we-hannôrâ hazeh äth YHWH Elôhéï'khâ, tu ne trouveras pas de point d'appui.

XVIII. De la tête coupée au *réchech dî-dehav* qui est la TÊTE D'OR (*Daniel*, II:32), le principe de l'EVEN ramène aux Jours de Salomon, quand la Lune était pleine. Ainsi rend-il volatil le GAFRITH extrait.

XIX. OUR NISTAR permet de dissoudre. La THAMTSITH ASTRALE permet la HAMRA'AH. La HAMASSAH permet la HAFRA'AH. La préparation du GAFRITH ardent, suivie de la cuisson du NETHE'KH, permet de déceler la LUMIÈRE D'AUGMENTATION.

XX. Il en est de l'OR PHILOSOPHAL comme de l'or céleste du septième degré. Il éclaire tout.

XXI. Tout est compris dans un.

XXII. Gloire au Nom.

Avers et revers de la médaille frappée en 1694 par le Duc Christian de Saxe-Gotha. Elle commémore la transmutation d'une livre de plomb en argent, qu'effectua ce prince au moyen de la poudre de projection qui lui fut envoyée par un adepte inconnu.

« La traversée de la mer Rouge par les douze tribus d'Israël »
(Peinture de Raymond Moretti).

C'est d'une main brûlée à jamais par les structures schizomorphes que Moretti coud la peau de la Thorah.

Moretti ne peint pas ce qu'il peint, il tanne la peau de la couleur avec la meulière rugueuse du Temps.

Si les bannières des douze tribus d'Israël claquent blanc contre le vent d'Est qui emporte vers Raphaël les parfums consacrés,
si un liséré de sang court sous la peau de la couleur bleue, quelque jaune cargué et le vert rare à l'orage,
c'est qu'au troisième degré de l'Essence Divine,
au Degré Suprême appelé *Waw*,
la lumière bleue vire au rouge.

Tous les bâtisseurs du Temps sont attentifs à la courbe incendiaire des signes.

LITURGIE FUÉGIENNE

> *DANS LE ROUGEOIEMENT DES ZODIAQUES CENTRIFUGES DE LA POTENTIALISATION COSMIQUE, LE TEMPS EST PROPICE. LE TEMPS PREND FEU.*

Confidentielle dans la suggestion d'Héraclite, la coïncidence du Temps et du Feu saute aux yeux dans l'art de Moretti.

Ici, comme dans toute expérience esthétique achevée, le ressac attendu du devenir quantique provoque l'obscurcissement du *dialektisches Moment*.

C'est dans un champ temporel constant que les voleurs de feu brandissent à bout de bras le bonnet bleu de Vulcain.

La technique d'exploration de Moretti s'avère autrement subversive, qui renvoie le dévoilement du temporel au marécage des alibis.

Moretti n'a rien d'un flamine vulcanal qui régenterait le feu sensible, élastique-expansif, par l'instauration d'une distance mythologique, ou le recours à quelque succédané du temps-mouvement, à savoir, particulièrement, une cosmologie bigarrée de l'énergie, négatrice de transcendance.

Nulle maïeutique de la fureur qui vise préférentiellement à disloquer le contenu d'un temporel devenu d'autant plus opaque que la microphysique a institué le jeu statistique, nulle subsumption intégrant dans les plis d'un temps fictif l'immanence d'une équation réduite à l'équateur, selon le modèle avancé par l'astronomie lorsqu'elle déconsidère le mouvement uniforme suivant l'écliptique,

nul glissando d'apprivoisement du temps abrupt,
nulle extrapolation
qui ne nous rapprochent en définitive davantage d'Empédocle que de Moretti.

Le feu philosophico-littéraire de l'Etna est à la portée de tout naïf soucieux de « brusquer le temps ».

Mais nous ne connaissons pas de métaphysicien qui, à l'appel du cratère, ait été pris de vertige jusqu'au point de se laisser glisser dans la Profondeur du Commencement.

Le feu des volcans n'est pas plus le *Feu d'Isaac*, que la fascination d'Empédocle n'est l'angélisme hébraïque.

Et le temps des cratères n'est pas plus le *Temps d'Isaac*, que la démarche empédocléenne n'est la stratégie du Roi du monde.

Moretti travaille avec le *Feu d'Isaac* dans le Temps même de l'holocauste inconsommé du Moriah.

Le *Feu d'Isaac* est ce Feu unique qui ne cesse de brûler dans le Temps du Sabbat, alors que tous les feux profanes se sont éteints.

C'est le Feu sacré et suprême de l'autel dressé pour le sacrifice du fils d'Abraham.

C'est le Feu de l'Alliance.

Dès le premier mot de la *Thorah*, l'Innervation Royale exalte une liturgie typiquement fuégienne.

>
> Car l'Éternel, ton Dieu, est un Feu dévorant.
> Son Trône de Gloire, des flammes de Feu,
> et ses roues, de Feu ardent.
> Sa Parole comme le Feu,
> Sa Loi comme un Feu noir sur du Feu blanc.
> Il est une muraille de Feu pour Jérusalem,
> la flamme sur les deux taureaux du mont Carmel.
> Auréolé de ses douze cents enveloppes de Feu,
> Il est le Feu qui consume les autres feux.
> Il dissout les écorces,
> Il juge par le Feu.
> Parce qu'elle émane du Trône de Feu,
> l'âme est de Feu,

et la maison de Jacob se fait Feu,
et la maison de Joseph se fait flamme.

A l'instar de l'Adepte amoureux de Science, Moretti volatilise la Terre Adamique par l'Esprit du *Feu d'Isaac*.

La rupture vivifiante des sceaux témoigne au fronton du Grand-OEuvre que Moretti a réglé l'heure selon l'axiomatique du Moriah.

Ainsi se trouve circonscrite, à la périphérie de la dominante kabbalistique, la temporalité des rayons colorés du huitième ciel que divulgue l'algèbre de Rabbi Yossé.

C'est en osmose avec la combustion du Sacrifice que Moretti livre son combat de focales et de flammes à la nuit ontologique.

Editions du Rocher
28, rue du Comte-Félix-Gastaldi
Monaco

Achevé d'imprimer le 17 janvier 1991
dans les ateliers de Normandie Roto S.A.
61250 Lonrai
Numéro d'éditeur : CNE section Commerce et Industrie
Monaco 19023 — Dépôt légal : janvier 1991
N° d'impression : R1-0058

Imprimé en France